狄德罗
05
作品集

**DENIS
DIDEROT**

怀疑论者的漫步

LA PROMENADE DU
SCEPTIQUE

德尼·狄德罗 —— 著　龚觅　王斯秧 —— 译　罗芃 —— 主编

上海译文出版社

目 录

怀疑论者的漫步 1
论天才 117
《布干维尔游记》补遗 121
哲学家与某某元帅夫人的谈话 179

怀疑论者的漫步 *

龚觅/译

* 又名《道路》(*Les allées*)，作于一七四七年，作者时年三十四岁，首次发表则在一八三〇年，其时狄德罗去世已有四十六年之久。该篇全文由"荆棘道""栗树道""鲜花道"三部分组成，现据朱尔·阿塞扎和莫里斯·图尔纳所编二十卷本《狄德罗全集》(*Œuvres complètes*, Garnier, 1875—1877) 第一卷译出。

就像在丛林中,命运让
迷失的旅人处处偏离了正途,
有人往右,还有人往左;
尽管是同一个错误,但表现各不相同。
要相信你的确陷入了疯狂,但嘲笑你的人
并不更加睿智,他也无法遮掩自己的行踪。

贺拉斯,《讽刺诗》,第二部,第三首

荆棘道

> 是什么灾祸震撼了你的内心?
> 是对诸神的畏惧。
>
> 贺拉斯,《讽刺诗》,第二部,第三首

一

花费国家万贯资产,到秘鲁去搜集金粉,或是到拉普兰德①去寻找黑貂,这样的罪名从来加不到我的头上,也免去我招致别人的嫉恨。那些受路易的委托去验证伟大的牛顿的计算是否正确,用适合人体身高的测量器去丈量地球的尺寸的人们,抛开我独自沿托尔诺河逆流而上,而我也不会随他们顺亚

---

① Lapland,北极圈附近地区,跨越今挪威、瑞典、芬兰和俄罗斯部分领土。

马逊河而下。① 这么一来，亲爱的阿里斯特，我就不会和你讲述我在冰封的北国和南方炙热的沙漠里经历的风险，更不会夸耀两三千载之后，未来世代的地理学、航海术和天文学能够从我发现迭出的象限仪和质量优异的望远镜里得到什么益处。我给自己树立的目标更加高远，而它的贡献也会更加切实可信。这就是通过叙述一次简单的漫步，去启迪、完善人类的理智。智者是否非要漂洋过海，通过记述野蛮人的姓名和他们狂暴不羁的禀赋来教化已经得到启蒙的民族呢？其实，我们周遭的一切都该是被观察的对象。事物在我们眼里越平常，对我们来说恰恰越可能是奇迹，一切都取决于打量它们的眼光。眼光迷离，魂不守舍，我们就会上当受骗；目光敏锐，深思熟虑，我们就会走向真理。

二

你熟悉这个尘世，那么请你判断，我将要向你描绘的这个小小的区域位于地球的哪条经线上——长久以来，我以地理学

---

① 十八世纪是欧洲科学界继续开展自然探索，并且取得伟大发现的世纪。此处暗指法国数学家莫佩尔蒂（Pierre Louis Moreau de Maupertuis, 1698—1759）和克莱罗（Alexis-Claude Clairaut, 1713—1765）等人曾于一七三六年到北极拉普兰德地区测量子午线弧的长度，而法国地理学家和天文学家拉孔达明（Charles-Marie de La Condamine, 1701—1774）曾在一七三五年受法兰西科学院委托，在南美秘鲁等地做过同样的工作。

家的身份踏遍它的土地，却只是最近才作为哲学家将它细细打量。这片土地上居住着众多的族群，如何找到恰当的词语来为之命名，以对应我将要向你描述的他们的习俗和秉性，这正是我对你的期望。一旦生活在这些原住民中间，你将会感到多么惊讶啊！但是，由于这个奇特的民族包含着这么多的阶层，或许你会弄不清自己属于其中的哪一个，也许你会因为迷失自己的身份而尴尬局促，或者你会因为混迹在一群白痴中间而感到羞愧，但无论哪种结局，都是让我预先感到好笑的。

三

我跟你讲述的这个帝国由一位君王[①]统治，臣民们对他的名字大抵不持异议，可说到他的真实存在就另当别论了。没有人见过他，那些自称受宠于他，与他有过交谈的臣下，谈起他来都是含混不清，结果让他的面目显得矛盾重重，波谲云诡，以至于这里的一部分民众竭力想建立体系以解释他的神秘，或者为了声张他的意见而彼此刀兵相见，而另一部分人则决意质疑人们所说的关于他的一切，或者干脆什么都不再相信。

[①] 本篇采用寓言体，文中充满各种隐喻。这里的君王显然是指上帝。下文及后续各篇的隐喻也大多关涉宗教问题，读者自可识之，不再一一注明。

四

　　人们总是想象这位君王英明睿智，恩济众生。但是，由于他决意高高在上，与世人相隔，至少在一段时期里是这样，于是在口耳相传之间，他的威权日渐衰落，他所赖以规范律法、显示其意志的道路也不免显得含混其辞。人们曾无数次发现，那些自称受他启示的人不过是一群幻想家或者欺世之辈，于是大家宁肯相信这些人现在和未来都绝不会改悔。君王的意愿写在两卷厚重的大书里，其中充满了或者合乎情理，或者神鬼莫测的奇迹和敕令。这些经书用完全不同的方式写成，让人觉得君主不甚在意给自己拟诏的词臣是何许人，要不就是他们时常滥用君上的信任。两卷书中，第一卷包含若干奇特的法令，并用大段冗长的奇迹来证明它们的真实不虚，第二卷书却废除了前一部中提及的特权，并以新的、同样以奇迹为据的特权取而代之，于是，前后两卷的特权便相互诋毁。新特权的拥有者自称绝对比守旧派更受到恩宠，他们蔑视后者，视之为不辨东西的瞽者，而后者则将前者斥为僭越权位的篡夺者。接下来，我会更加深入地对你解释这部有双重特性的法典的。不过还是让我们先回到关于那位君王的话题上来吧。

五

据说,这位君王住在一个富丽豪奢的地方,关于此地的描绘林林总总,其多样性只有描绘者多姿多彩的想象力才可与之相比。我们所有的人都要去往此地。君王早已在他的宫殿里准备接待众人,我们正走在赴约的路上。据说,我们会根据自己在沿途是行善还是作恶,受到褒奖或者惩罚。

六

我们生来就是士兵。然而最奇怪的莫过于我们被招入伍的方式:当时我们睡得太熟,以至于没有人记得那会儿是清醒还是在沉睡;这时,有人在我们身旁安排了两位证人,并问睡觉的人是否愿意入伍;证人替熟睡者点了头,签了合约,于是士兵就这样诞生了。

七

在所有的军政府里,人们都会创制一些记号,用来辨认从军之人,如果他们在没有命令也没有特别需要的情况下做了逃兵,那么也可据此去惩处他们。在罗马人的时代,新兵入伍时都会被烙上字符,让他们不得退伍,否则会付出生命的代价。

在我们这里，人们也有同样的用心。法典的第一卷里规定，所有士兵的男性器官上都必须打下印记。不过，要么是我们的君王改了主意，要么是因为女性一向乐于质疑男性的优势，她们自认为英武气概不在男人之下，提出了指责，总之，法典的第二卷删去了此前的陋习陈规。从此光靠及膝短裤无法再决定战士的身份，世上也有穿衬裙的军团；我们君王的大军就由男女两性的勇士组成，他们的军装无甚分别。军事大臣负责制定军服的式样：一条头巾、一件白色的长袍或宽袖战袍，这就是军装的全部。穿着这样的军服，的确感到它比以前的服饰更能适应男女士兵的需要，再说靠这个办法，至少还可以把军队的人数扩充一倍。为了向女性致敬，我在这里还想补充一点：没有多少男人能像女人一样扎好头巾。

八

士兵的职责，全在于扎好头巾，以及把他的长袍洗得一尘不染。头巾用得太久，难免会变得粗厚，或者磨损。有些人会拿它做厚重耐用的床单，有些人则拿它当随时可能破损的轻纱。世上从来没人见过一尘不染的长袍和两条一样厚的头巾。如果你弄脏了长袍，你就会被视为懦夫；如果你的头巾撕破了或者不经意掉了下来，你就是逃兵一个。至于我自己的长袍，朋友，我是不会跟你透露一个字的。大家觉得，赞美它，就是对它的污损；如果用蔑视的口吻谈论它，会让人至少怀疑长袍是脏的。说到我的头巾，我已经有很长时间不戴它了，也许是因为它本来就不结实，也许是我佩戴的时候不太用力，它早就掉下来了。

九

人们向我们保证说，君王的英明登峰造极；不过，那据说出自君王之手的法典，却再晦涩不过。关于长袍的规定有多么合情合理，论述头巾的条文就有多么荒谬。比如，有人讲，如果这块纱布质地优良，那它不仅不会遮住视线，佩戴它的人还能透过它瞧见无穷无尽的、只用肉眼看不到的奇观；还有，它的一个好处是可以充当多面的透镜，让人可以同时从很多角度看同一个对象。人们太喜欢用荒唐来论证荒唐，结果有几个逃兵干脆怀疑，一定有奸邪小人大胆将他们的想法透露给了我们的立法者，在那部新法典中塞进了不知多少幼稚荒唐的东西，而这些东西在老法典里是全然没有的。不过，让你吃惊的是，他们还补充说，要想得到允许进入君王的宫殿，必须先熟知这些奇思妙想。或许你会问我，在新法典颁布之前的那些人，他们后来的命运如何，可是我真的一无所知……那些声称知道秘密的人，为了替君王声辩，说他早已把夜间口令之类的东西透露给了旧日的将领；可是，他们并不能证明君王把那些径直脱离队伍的大兵一律开革是正确的——当这些士兵来到宫殿里，发现自己受到公然的侮辱，理由仅仅是因为他们不知道那些他们本来就不可能了解的东西，这时他们一定感到无比的惊讶。

十

君王的军团驻扎在鲜为人知的外省。人们说那里花团锦簇，一片富贵之气，可此类说法并无用处，真相恰恰相反，因为招募我们入伍的人总是语焉不详，含糊其辞，他们自己害怕奔赴那里，而且总是尽力推迟出发的时刻。

十一

有三条道路通往那里，最左边的一条路仿佛是最稳妥的，可事实上又是最艰难的。那是一条漫长、狭窄、险峻的小径，碎石满地，荆棘丛生，让行路者闻而生畏，望而却步，无时不想着另觅他途。

十二

正对着我们的是第二条路，宽阔、通畅，四处鲜花盛开，地势平缓易行。我们自然忍不住踏上这条路，它缩短了旅程，尽管这并非好事：既然旅行让人赏心悦目，我们自然不会抱怨路途漫漫。如果旅行者足够谨慎，细心打量这段旅程，他终归会发现这条路上也不乏起伏和蜿蜒，其实并不安全；那里的悬崖也是陡峭的，被鲜花遮蔽的依旧是深渊。路人于是畏惧失足，他想远离此路，可又进退两难；只要他有一点点忘乎所以，就仍然会回到此路上来：可是又有谁会永远保持清醒，从不忘我呢？

十三

在我们右边是一条阴暗的小道，两侧长满栗树，路上铺着沙土，它比荆棘道要好走，可又比不上鲜花道让人心旷神怡。这条路比前两条都更安全，要走到底却并非易事，因为临近终点时，路上的土都变成了流沙。

十四

在荆棘道上人们能找到苦行者的粗衣劣服、修行者的苦鞭、面具、虔诚的幻想编成的文集、神秘莫测的装饰品、保护衣袍不被玷污或者清除斑点的秘诀，还有不知道多少种教人牢牢扎好头巾的指令，这些指令对于傻子来说是全无用处的，而对有理智的人来讲又没有一条是合适的。

十五

鲜花道上满地是纸牌、筛子、银钱、宝石、装饰品、童话传说和传奇。这就是绿茵之床,仙女的居所,她们的魅力或许被人忽略,或许能打动人心,这条道路上绝没有残酷的迹象。

十六

在栗树道上,有天象仪、地球仪、望远镜、书籍,还有幽深的阴影和静谧。

十七

人在熟睡的梦境中被招募入伍,当他一觉醒来,发现自己置身于荆棘道上,穿着白色长袍,古里古怪地缠着头巾。可以想象拄着拐杖在荆棘和荨麻丛中散步是多么难受的事。然而还是有一些士兵,他们每走一步都感激上帝让他们处在危难之中。他们遍体鳞伤,却发自内心地以苦为乐;污损长袍的诱惑难以战胜他们,更不用说扯下、撕烂他们的头巾;他们坚信,眼睛看得越不清楚,脚下走的路就会越直,到达目的地的那一天不会太远了。他们同样也清楚：少用眼睛去看，多照料身上的长袍，这两件事都是君王同样会感谢他们的。

十八

谁会相信，这些疯狂的人是幸福的呢？丢失一个器官，并不会让他们感到遗憾，这损失的代价是他们所不知道的；头巾在他们眼里是珍贵的饰物，他们宁肯流尽最后一滴鲜血，也不肯脱掉头巾；一想到身上长袍的洁白无瑕，他们就心满意足：他们早已习惯荆棘，浑然不觉，于是他们边走边唱，歌咏着君王，这些曲子都很老了，可还是那么动人。

十九

让他们沉醉在偏见中吧，要让他们摆脱偏见，我们冒的险未免太大；或许，他们有这样的德行，正是靠他们的盲目。如果把他们的头巾扯掉，谁知道他们会不会对身上的长袍做同样的事呢？那在荆棘道上享有盛誉的东西，放到鲜花道或者栗树道上或许会蒙受鞭笞；同样，那在后两条道路上闪光的东西，在第一条道路上可能也会被抨击。

二十

这条忧郁的小径四周的道路被那些仔细研究过它的人占领了,他们以熟知这条小径自诩,洋洋得意地把它指给过路的人,自己却不肯简单地沿着这条路走。

二十一

一般说来,这便是我所知道的最恶劣的人种。他们狂傲、贪婪、虚伪、狡诈、睚眦必报,最可恨的是他们好战记仇,他们从约翰·德·安多莫尔修士[①]那让人快乐的故事里学到了用军旗杆砸死敌人的秘技,他们一言不合就开始厮杀,如果大家好心好意,让他们放开手脚的话。不知在什么时候,他们说服新兵相信只有他们才有清除长袍上污垢的本事,于是,在那些双眼蒙蔽、别人说他们的袍子脏就轻易相信的人眼中,他们简直成了离不开的人。

二十二

这些志满意得的人白天在荆棘道上漫步,经营他们的大业,晚上则坦坦荡荡在鲜花道上过夜。他们声称在君王的律法

[①] Frère Jean des Entommeures,拉伯雷小说《巨人传》中的一个重要人物,著名的德廉美修道院就是高康大为感谢他的帮助而修建的。但这里完全是反其意而用之。

里读到过不许拥有自己的女人的禁令，但是，他们绝不会从中读出不可触犯别人的妻子。于是他们就以勾引过路人的妻子为乐。你简直无法想象，他们要成功地勾引彼此的女人需要怎样的小心谨慎，因为他们时时都留神在意，不忘揭露彼此的面目。倘若他们得逞——这是常有的事——便满心虔诚地在他们的小道上悲叹，在鲜花道上放声大笑，在我们的小道上恶毒地讥笑。尽管他们凭诡计掠走了我们的几位臣民，但他们的滑稽可笑可以让我们得到补偿；因为，比起讲道理来，他们更害怕被人讥讽，这真让人类感到耻辱。

二十三

为了让你更准确地了解这一点，需要向你解释，那些为数众多的向导们是如何构成一个参谋部的，他们的军衔有高有低，俸禄视职位、肤色和军服的不同或多或少：这一切几乎永远都在变动之中。

二十四

起初，有这样一位总督，因为害怕走路会损伤他柔弱的脚底，便让人用车子载着他出行，或者叫人用轿子抬他。他逢人便礼貌地宣称，自己是众人最谦卑的仆人，却安心地听凭他的奴仆放话，说人人都是他的奴隶；这样的话说得多了，居然让没有头脑的人都相信了，而且还骗到了更多的人。事实上，在荆棘道上的几个地方，有些新兵的头巾开始磨损，他们还开始质疑总督的专制。新兵们拿出写有三级会议法令的旧羊皮纸来反对总督，对此，总督大人立刻回复说，质疑他的人都错了。接下来，总督和他的近臣们达成一致，如果有叛乱者敢反对他，他就会断然扣除反对派的饷银、供给、粮秣和养老金，并且不惜向他们施加莫大的凌辱。有些反对者身为斗牛士，也被他像顽童一样鞭打。靠了盘剥奴仆，他建起一座华贵的庄园，其主业是制造上等牛皮纸和肥皂，由于在财务上温和地行使自己排他性的特权，他成为世上头号洗染店主。他的先辈们在荆棘道上艰难跋涉，而他的部分后裔则在鲜花道上迷失了方向，还有些后辈来到我们的栗树下漫步。

二十五

这位首领有着自命不凡的眼神，头上重重叠叠套着无边软帽，无怪你会把他当作亚美尼亚的堂·雪飞①。各地行省的总

---

① Don Japhet d'Arménie，十七世纪法国巴洛克文学的代表作家之一保罗·斯卡龙（Paul Scarron，1610—1660）同名喜剧中生性快活的主人公，他是西班牙国王、神圣罗马帝国皇帝查理五世宫廷中的一个弄臣，这个人物形象也被认为是对勇敢无畏、追求爱情等贵族品质的一种戏拟。

督和副总督都在首领手下效命，他们中间有些人消瘦憔悴，无精打采；有些人红光满面，招摇过市；还有些人轻浮放纵，风流不羁。这些人组成了一个骑士团，其标志是顶端如乌鸦喙状的长杖，以及从众神之母库柏勒①的祭司那里借来的帽子，不过他们与祭司的相似之处也就仅此而已。不管怎样，他们在打扮方面证明了自己。他们获得了君王侍从的头衔，可总督依旧称他们为自己的奴仆。他们也开了肥皂店，但货物不如总督名下售卖的那么精致，因此也更加廉价。他们手里握着香膏的秘密，据说就像吹牛大王的秘笈一样神奇。

二十六

在他们身后，是大群职衔不等的军官团，就像土耳其帝国的骑士一样，这些人也被赐予富饶的领地或租田，因此他们中的大部分人选择步行，也有人骑马，坐马车的是极少数。这些人的职责是训练新兵、募兵和用各种花言巧语哄骗新兵，让他们相信必须佩戴头巾，并且绝不能污损长袍，可这两件事恰恰是他们自己容易忽略的：他们满心只想着缝补别人的头巾，清洗他人的长袍，不过这的确也是他们的一项义务。

---

① Cybèle，古代近东地区神话中的众神之母，象征着一种野蛮的、自然的伟力，有些宗教学家认为她是希腊神话中的盖亚和基督教里的圣母马利亚的原型之一。

二十七

我几乎忘记了还有一支小小的独立部队，他们人人都戴着一顶无边软帽，上插一朵芍药花，还披着猫皮做的披肩。这些人宣称自己是君王权力的正式辩护者，可他们中的大多数人并不承认这位君王的存在。前段时间，这支部队有一个重要的位置出缺，三个竞争对手前来争夺，分别是一个白痴、一个懦夫和一个逃兵；我这么称呼他们，就好像我在对你谈起一个傻瓜、一个浪荡子和一个无神论者。最后逃兵得了便宜。这几个人轻浮地用粗话去争论法典，随心所欲地解释、评论它；很明显，他们也不过是拿这部法典取乐而已。你该相信，这个军团里的一位上校认为，当君王的儿子对他父亲的臣民进行一番清点时，他既可能变作一头小牛，也可能化身为人形。军团里的老者喜欢整日唠叨，仿佛他们一辈子简直没有做过别的任何事情。年轻人则开始厌烦他们的头巾，他们只留下精细亚麻布的头巾，或者干脆什么也不保留。他们在鲜花道上随意走动，在我们的栗树下与我们做生意，不过只肯在夜幕降临时偷偷地来找我们。

二十八

最后走来的是由一些非常富有的上校指挥的辅助部队。这是一群靠抢掠旅行者为生的武装民团。据说，他们中的大多数人曾经巧妙地把过路人带到自己的驻地，一个个夺取他们的财物，或是城堡，或是农庄，或是林地，或是池塘；通过这种方式，他们在荆棘道和鲜花道上建起了自己广阔的驻扎地。有些老兵或挨家挨户伸手，或忙着抢劫路人。这些卑鄙无耻的部队又分成一个个军团，每个团都有自己的军旗、奇特的军装以及十分怪异的军法。不要指望我向你描述他们盔甲的不同部分。几乎所有人都拿一个可以移动的天窗形或者圆锥形的套子顶在头上，充作头盔，有时只盖得住他们的脑袋，有时则十分长大，一直垂到肩膀上。他们保留了撒拉逊人的小胡子和罗马人常穿的高帮皮鞋。人们从这些军团中选出在荆棘道上发号施令的宪兵司令、下级警官和军队里的刽子手。这个军事法庭十分严厉：凡是拒绝佩戴头巾，或者头巾佩戴的方式不合法庭口味的过路人，或者那些想扔掉头巾的逃兵，一律都会被处以火刑，而这一切都是以慈悲的名义执行的。此外，从这个邪恶的兵团里还产生了大群募兵者，他们宣称奉了君王的令旨，负责在外国，在他人的土地上招兵买马，劝说其他王国的臣民抛弃他们旧有的服装、帽徽、帽子和头巾，穿上荆棘道上的军服。这些跑到异邦活动的募兵者一旦被人家抓住，除非他们自己离开叛逃，否则一定会被送上绞刑架；一般来说，他们宁肯做逃兵，也不愿意被绞死。

二十九

不是所有的人都富有进取心，愿意前往遥远、蛮荒的海外冒险。有些人愿意待在狭小的地方从事各种活计，他们估量了自己的才能，也服从那些为了私利、善于驱使他们的首领。有些人，老天爷赐给他们一副好记性，天生嗓音也好，还撕得下脸皮，于是他们会整天冲着过路人嚷嚷，说他们迷了路，可他们绝不会因此向路人指明正道；谁要是向他们打听方向，一定会被狠狠敲诈一笔，得到的还只是些凡夫俗子尽人皆知的东西。另外有些人头脑灵光，说话天花乱坠，心计手腕更是不同寻常，于是他们到处密谋，半辈子都拿来打听多半无趣和虚假、可总是有利可图的消息。在这些诡秘的处所，弥漫着压抑和忧郁的氛围，虽然有时乔装改扮的爱情会埋伏在这里，伺机袭击不通世故的青年的心灵，借口教年轻的女香客如何在荆棘道上更方便地行走，诱骗她们到鲜花道上去。在那里，一切都真相大白：隐秘、财富、生意、风流韵事、争风吃醋、阴谋诡计。一切小道消息都被拿来卖出好价钱，从来没有免费的咨询。有些人既没有想象力又无其他的天赋，却沉迷于算术，或者忙着抄写前人的思想。又有些人老眼昏花，还在遍布铜绿的器皿上寻找千年前就无人谈论的古代城市的起源，或者穷心尽力，用十年时间把一个在幸福中诞生的孩子变成傻子，而且他们居然还可能成功。还有些人，挥着毛笔、铁铲、锉刀和刨子，而更多的人则决心袖手旁观，只肯耍嘴皮夸耀自己的德行。谁了解这些人，谁就会对他们敬而远之；太多的人以为自己了解他们，可真正了解他们的人实在是少之又少。

三十

对那些见识浅陋之辈还能抱有信心和热情，这真是不可思议之事。这些人常常自吹有包治百病的神丹妙药，而这灵药不过是告诉一个妒火上心的丈夫，他的妻子其实为人本分，再说即便她生性风流，他还是应该爱她；或者告诉一个喜欢寻欢作乐的女人，她应该好好守着丈夫，即便他已经是年过花甲的老头子；或者告诉一个大臣，做官要紧的是要清白；告诉商人，不可放高利贷；告诉不信神的人，最好还是要有信仰；诸如此类。一个江湖医生问病人："你想好起来吗？"病人回答说："是的，我正是这么想。""那么你回去吧，你的病已经好了。"老实巴交的人于是心满意足地走开了，看上去，他们确实好多了。

三十一

就在不久前，在这群向导中间出现了一个由持身谨严的信徒组成的团体，他们人数众多，身着雪白的长袍，让路人望而生畏，而他们也认为这样的穿着是必不可少的。信徒们到别人的住宅，到寺庙、街道和屋顶上去，高喊长袍上哪怕最小的斑点也是无法去除的污迹。他们又到处传话，说总督和省长们卖的肥皂一钱不值，应该直接到君王的店铺里去领取，并且需要把从那里得来的肥皂浸泡在泪水中；君王会免费分发肥皂，不过数量很少，想得到的人还未必能拿到手。仿佛这条道路上的荆棘还不够多，这些狂人们于是遍撒铁蒺藜，到处布置拒马，终于让道路变得不可通行。路人们终于绝望起来，他们四面都听到叫喊和呻吟。既然走这条路是如此艰难，人们决心转向鲜花道，或者经由我们的栗树下通行。可就在这时，那邪恶的军团忽然发明了绒毛拖鞋和丝绒露指手套，靠这种办法，大规模的叛逃被制止了。

三十二

我们到处都能看到一些很大的鸟笼，里面关着的都是雌鸟。此处，虔诚的鹦鹉哼着充满柔情蜜意的话儿，或者唱着它们自己也听不懂的歌；彼处，小斑鸠在为丧失自由而悲鸣；再换一处，红雀飞来飞去，絮絮叨叨，好像想排遣愁闷，向导则隔着鸟笼的栏杆向它们吹口哨，以此逗乐。有些向导走来走去，就像驯鸟用的八音琴在四处巡游，他们习惯经常到鲜花道上去，从那里给雌鸟带回铃兰和玫瑰。而鸟笼中的囚徒的痛苦,是明明听见路人经过,却不能随他们而去,也不能加入他们的队伍。不过,鸟笼毕竟是宽敞、整洁的,黍米和糖果都管够。

三十三

你现在应该了解军队和它的首领们了,那么就让我们来说一说军法。

三十四

这是一部拼凑起来的著作,一百多位工匠按照他们的趣味贡献出不同的段落。你可以判断这么做是否恰当。

三十五

这部法典有上下两卷,第一卷记叙的时间起始于中国纪年的四五三一七年,作者是一个上了年纪的牧羊人。他要得一手可以两头打人的棍棒,此外,他其实还是一个大魔法师,当地的领主也知晓这一点。这个领主不肯减轻或者免去他及他的家族的徭役。因为受到当地衙役的追捕,老牧羊人被迫离开故土,到外地荒漠里的一个农庄上去避难,并且给那家的主人放了四十年的羊，同时也习练自己的魔法。他用自己老实人的声誉保证说，有一天，他看到了我们的君王，尽管君王并没有出现在眼前，并且他还从君王那里获得了将军的头衔以及一根权杖。他带着这个职务回到老家，把亲友召集起来，劝他们跟自己回到一块据他说属于他们先祖的土地上去，那是先祖们曾经居留的地方。于是，揭竿而起的团体就这样产生了，作为首领，他向领主宣告了自己的计划。领主不肯放他们离去，把他们视为叛乱分子。老牧羊人于是喃喃自语，领主的池塘立刻就中了邪毒。第二天，他又给领主的羊群和马群施了魔法。过了几天，他又让领主和他的家人都染上了疥疮和腹泻。经过几次这样的手腕，领主的长子以及村里所有的青壮都被他用煤炭毒死。最后，领主只能让他们离去，但他们在动身之前搬光了城堡里的家具，还把依然留在当地的居民抢劫一空。贵族老爷被他临走时的举动激怒，跨上马，率领一帮奴仆前去追击。幸运的是我们的强盗成功地涉过了途中的一条河流；更幸运的是，他们的旧主不谙水势，也想涉水而过，结果和他的几乎全部人马都淹死在这条河中。

三十六

首领为他的族人们许诺了一个虚幻的希望之地，不过在抵达之前，这群人陷入茫茫沙漠之中。魔术师长久地控制着他们,结果无人能从这不毛之地里生还。在这期间,他用编写自己民族历史的办法来自遣,于是就写出了法典的第一部。

三十七

老牧羊人的历史,是根据祖父在炉边给孙儿讲述的故事编纂而成,而这些故事又是祖父从他们的祖父那里听来的,如此一直追溯到最早的老祖先那儿。口耳相传,这可是最可靠的秘技,有了它,故事的真相就绝不会被扭曲。

三十八

他讲述了下面这些故事:在建立他的帝国之后,君王取了一些泥巴,在上面吹了气,让泥巴得了生气,于是造就了第一个士兵;君王为这士兵配了一个女人,她做了一顿粗劣的饭食,又给她的儿女和所有的后裔打上一块黑记,这让他们在君王眼中显得面目可憎;军团口齿日繁;士兵们渐渐离心悖德,以至于君王将他们全部溺死,只留下居住在某个房间的人,因为他们的首领是个老实人;后来,这幸存者的首领有了后人,重新让世间有人居住,他们繁衍生息,迁移到大地的各个角落;我们的君王本是普视众生,并无分别的,后来却只把其中的一群人看作自己的子民;他让这群子民从一个已经过了育龄的女人那里生出来,而他们的父亲是一个筋骨未衰、时常和自己的女仆睡觉的老人。上面所说的就是我对你提到过的最初的天选者们的起源,他们的繁衍和世代历险的种种细节便可由此展开。

三十九

例如,故事里有这么一个人,君王命令他割开亲生儿子的咽喉,他正要依令下手,一个仆人过来传令,带来了那无辜者的赦免书。又有另一个人,他的主人在饮马时,发现他有一个十分美艳的情妇。关于后者,他曾经欺骗自己的父亲和兄长,后来又欺骗过自己双重的岳父,他曾和两姐妹共寝,又和她们的贴身女仆睡觉,后来还和自己的儿媳通奸。至于前者,他通过猜谜致富,在一个领主的土地上做了管家,让自己全家都富裕起来。几乎所有的人,在故事里都有美丽的梦想,他们在半夜里看着星空,有和精灵相逢的奇遇,还曾勇敢地和这些淘气的小精灵战斗。这便是那位老牧羊人讲给后世的主要内容。

四十

至于法典,下面就是它的主要条文。我曾经说过,污迹让我们所有人在君王眼中都面目可憎;你猜猜,为了能重新获得那些莫名其妙失去的恩宠，他们到底做了什么？最奇怪的事情是，他们从所有孩童身上割下一德拉克马①和十二分之一盎司的肉，操作方法我已经跟你提到过的。此外，全家每年都必须吃没有黄油也不放盐的饼，以及没有油的蒲公英沙拉。每周，还有一整天需要接受别样的惩罚，从早到晚将双臂绑在背后。每个人都必须准备一条头巾和一件白色长袍，还得用羊羔血和清水来清洗长袍，否则就会被处死；你知道，头巾和长袍的起源可是由来已久的。在军团里，为了给这工作提供方便，还建立了专门的屠夫和送水工的队伍。君王的全部命令，包含在十行短短的条文里，那率领逃亡者出奔的带头人把这些条文公之于众，然后，为了不泄露天机，向导把它们锁在一个檀木箱子里，其严密程度，就算德尔斐神庙里女预言家的祭台恐怕也不能与之相比。此外，就是一大堆任性的规则，比如规定外套长衣的式样、用餐时上菜的顺序、酒的品质、如何区分鲜嫩的或者不易消化的肉、散步和睡觉的时间，还有在不睡觉时必须做的各种事情，等等。

四十一

起初，那位老牧羊人让他的兄弟得到了家族里传下来的一

---

① drachme，古希腊重量单位，约合 4.36 克。

大笔财产，在这个兄弟的辅助下，他强使族人们都服从他的所有规定。于是众声喧哗，聚集起来质疑他的决定。要不是他在自己占有的领地下布置了炸药，摧毁了反对者的队伍，定会彻底失去自己的权威。这起事件被看作上天的报复，那创造了神迹的人绝口不向任何人提及其中的真相。

四十二

在经过多次历险之后，逃亡者们接近了他们将要占有的那片土地。可带头人不愿向他的属下承诺土地的占领权，他也不想看着战火在自己眼前爆发，于是，他坚定地告诫族人不可宽恕自己的敌人，要懂得大放高利贷，说完，他就独自走开，在一个山洞里饿死。在他身后，他的两个指令都被完美地执行了。

四十三

我不会追随这些人到他们的占领地去，不会去看他们开疆辟土建立的新帝国，也不会去见证那里的各种骚动和革命。这一切，应该到书中去寻找。只要你愿意，你将会在那书里看到众多的历史学家、诗人、音乐家、小说家，还有当众喊叫传播消息的人们，他们都在宣告我们的君王的儿子的降临，预告法典的修订。

四十四

　　他果然现身了，可身边既无随从，也没有与他身份相配的行李辎重，倒像是混迹江湖的探险家，我们曾经看见这些人，带着几个勇敢坚毅的伙伴，赤手空拳就能打下一片疆土。说起来这都是昔年的往事了。在很长一段时间里，他显得与众人无异，可是有一天，乡人们突然惊讶地听见他在长篇大论地讲话，他自称是君王的儿子，还声言有权废除旧有的法典，除了那十行字的规则之外，其余的部分都应该用新法取而代之。他的为人处世和讲话倒也简单易懂。他改变了头巾和长袍的穿法，不肯服从的，都要被处以死刑。关于长袍，他立下了让众人称赞的新规，不过具体执行起来倒也颇为困难；至于头巾，他滔滔不绝地讲了许多奇怪的箴言，其中有些我曾经和你说过，此处是其余的部分。例如，当人用头巾把双眼蒙上的时候，他要求眼睛就像在白昼里一样，能清晰地看到他的君父、他自己以及第三个人——此人既是他的兄弟，也是他的儿子——这三人是如此完美地融合为一体，好似他们是一个完整的人。看见这样的景象，你或许会认为自己见到了古希腊神话里的革律翁①。对这样的奇迹，像你这样借助古人的寓言来解

---

① Gérion，希腊神话中的巨人，赫西俄德在《神谱》中说他有三个头，埃斯库罗斯则说他有三个身体。

释，大概也是情有可原。很不幸，你对神人同体一事一无所知。你从未听说过这神奇的舞蹈，三位君王相互围绕对方漫步，永无休止。他又补充说，有朝一日他会成为大富翁，他门下的使徒一定会大宴宾客。这个预言兑现了。最早荣获使徒称号的一批人经常操办盛宴，席间人人豪饮，为他的健康举杯。不过，等到最早使徒的接班人们登场，他们却变得吝啬起来。不知从何时起，他们发现自己的主人有一个秘诀，他可以藏身在面包心里边儿，在一瞬间让他成千上万的朋友把自己吞下去，却并不会让他们中间的任何一个人消化不良，尽管他足有五尺六寸高。他们又吩咐说，以后夜宵必须改成吃干的，不要汤水。有几个兵士口渴了，嘟嘟囔囔，开始是吵架，后来干脆大打出手，血溅四方；争端一起，另外两个冲突又接踵而至，荆棘道上的居民死的死，逃的逃，减掉了一半人，后来那里干脆变得荒无人烟。我告诉你这个场景，无非是让你借此一窥这位新的立法者给他君父的王国带来了怎样的气象，至于他的其他思想，暂且按下不表：它们自有他的秘书们一一构思草拟，秘书中间最重要的有两人，一位是海鲜贩子出身，另一位曾经是个贵族，后来做了鞋匠。

四十五

这位鞋匠天生是个饶舌的人，给众人讲了许多闻所未闻的奇事：据他所说，君王有一根看不见的手杖，神妙无穷，君王将它赐给自己所有的朋友。关于向导们是如何猜测、记载、担保这手杖的奥秘，他们为了争论手杖的质地、法力和特性，又是如何相互撕咬的，哪怕只是简单地讲述一番，也非得写好几卷书才够。有些向导断言，没有这根手杖，人一定寸步难行；另外一些人则认为，只要人自己腿脚硬朗，又喜欢走路，那手杖自然是全然无用的废物。据后面这群人说，手杖是硬还是软，是长是短，是坚挺结实还是脆弱易折，只看使用它的人手上有没有气力，道路是否难行，只有人自己出了问题，才会离不得这根手杖。前面一群人认为，君王并没有义务把手杖赐给谁，有些人向君王索取却遭到拒绝，有些人得了手杖，又被君王收回。所有这些传闻，都出自一本关于手杖的大书，其作者是一个老资格的修辞学教授，他写这本书，目的是评注那位海鲜贩子对手杖重要性的论述。

四十六

还有另一桩事情也同样引发了纠纷。据这位修辞学教授所说，由于我们的君王具有无限的仁慈之心，他经过深思熟虑，下了一道不容改变的决定，把罪人永远赶出他的宫廷，将其驱入囚牢，让他们万劫不复。这些罪人包括所有未被招募入伍的人，没有听说过也不可能听说过他的不计其数的愚民，还有在君王心中不配让他看一眼的贱民，以及因为祖上造反、连累子孙也失去了君王欢心的人。不过，君王一边随意专断地决定一些人的命运，又同时恩宠另一些同样有罪的人。这位向导分明感到自己的想法是何等荒诞不经，天晓得他又是如何摆脱自己造成的可怕境遇的。当他污损了自己的名誉，不知如何自处的时候，他忍不住高喊："要当心！"于是，所有断定我们的君王专横跋扈的人都跟着他喊："要当心！"在荆棘道上，所有这些事，乃至一切具有同样的道理的事，都受到尊重。沿着荆棘道行走的人相信这些道理，他们也甚至认为，这些事都是连在一起的，一荣俱荣，一损俱损。

四十七

不过，维护旧法典的人还是起来反对君王之子，要求他拿出证据，证明自己的身世。他高傲地回答这些反对者说："证明我从哪里来，这是我自己的事。"多漂亮的回答，可它说服不了几个贵族。于是众口一词，说他破坏了老牧羊人的名声；那些他威胁要废黜其岗位，用缩绒工和洗染工取而代之的屠夫和送水工们，便借口这样的理由，阴谋反对他。人们收买了他的财务官；他遭到逮捕，被判处死刑，并且这死刑真的被执行了。他的朋友们到处宣称，他虽然已经死去，可其实并没有死，三日之后他又出现了；过去的经历使他回到了君父的宫廷，此后，再也没有人见到过他。在离去之时，他委托友人们搜集他的律法，将其公之于众，并且催促他们尽快完成此事。

四十八

你很容易想象，无声的法律向来可以任意解释。对他所立之新法，也同样如此。有些人觉得新法过于宽纵，另一些人又嫌它们太严酷，还有人直斥它们太荒唐。随着新军团的建立和扩展，他感到内部的分裂和外部的抗拒也在蔓延。反对者从不饶恕他们的同伙，各色人等也不会在他们共同的敌人那里得到宽赦。时间、偏见、教化，还有对新的、被禁止的东西的迷恋，使得狂热的信徒数量不断增长。很快，他们居然聚集成团，又开始折磨他们的东道主。起初人们把他们当做幻想家加以惩处，随后又视之为叛乱分子。不过他们中间的大多数人都深信，只要甘愿为无人知晓的事物牺牲自己，就可以取悦君王；于是他们挺身而出，不惧道德上的羞辱和严刑峻法的折磨，而我们就看到许多叛乱分子或者白痴被树为英雄：这正是向导雄辩术的神奇效果啊！就这样，荆棘道上的居民日渐增多。要知道起初这条道上是荒无一人的，直到君王之子死去之后很久，他的信众才拉起队伍，让他的声音在世间有了回响。

四十九

　　我跟你谈了许多事，足够让你明白，从来没有人像他一样做过如此伟大的事情。不过你也得清楚，从来没有一个人的生死比他更加不为人所知。我本该向你解释这位奇才，但我更想告诉你栗树道上一位上年纪的居民与几位在荆棘道上耕种的人之间的对话。我是从一位熟知当时情形的作家那里知晓这番谈话的。据这位作家所说，栗树道上的老者首先询问所谓"君王之子"的乡人；别人回答他说，最近出现了一个幻想家的宗派，他们找来一个骗子和叛乱分子，教他打着神灵的儿子和使者的招牌招摇撞骗，行省的法官已经把这个骗子钉上了十字架。作家又接着说，那位叫作梅尼普斯[①]的栗树道上的老者后来又询问在荆棘道上耕种的人，他得到的回答是："是的，我们的领袖被当作叛乱者钉在十字架上了，但他是一个有神性的人，他的所有行为都是奇迹。他解救了恶魔附身的人，让跛子重新走路，还瞎子以光明；他让死人复活，他自己也复活了，上了天。我们中间有很多人都看到了他，整个地区的人都是他的生命和他的奇迹的见证人。"

[①] Menippus，公元前三世纪犬儒派哲学家。

五十

"这真是太奇妙了,"梅尼普斯说,"那些见证过众多奇迹的人一定全部加入了团体,这个地方的所有居民一定都穿上了白色长袍,戴上了头巾。""唉,并不是这样,"那些人回答他说,"跟随他的人和其他的人群比起来,实在很少。有些人长了眼睛,却看不见,有耳朵,却听不见。""啊,"梅尼普斯有点回过神来了,"我明白这是怎么回事了,我知道,在你们的国度里,魔法也成了最平常的事,人们都视若无睹了。不过,请你坦率地告诉我,事情真的如你讲述的那样吗?你们的首领做下的大事,真的公之于众了吗?""当然,"那些人回答他说,"奇迹是在整个行省的人面前发生的,他们怎么会不知道呢?不管得了什么病,只要在首领经过的时候摸一下他衣服的下摆,疾病就会痊愈。有很多次,他用只够五六个人吃的食物,供养了五六千志愿跟随他的人。别的奇迹就不说了,那是怎么也说不过来的——只说有一次,他让一个正在下葬的死人复活了;还有一次,他甚至让一个埋在土里已经四天的人复活了。"

五十一

"这最后一个奇迹,"梅尼普斯说,"我相信所有亲眼目击它的人都会拜倒在他的脚下,把他当作神来崇拜……""的确有些人相信了他,加入了团体,"人们回答他,"可并非全部。相反,大部分人会一起跑到他的死敌,即那些屠夫和送水工那儿去,向他们诉说自己看到的一切,唆使他们来反对他。他的其他行为的结果也差不多是这样。即使有些证人站在他那一边,也只是因为他们命中注定必得永远追随他的令旗。在这方面,他的行为颇有一些奇特:在那些他明明知道人们绝不会跟随他的地方,他反而会大张旗鼓地宣扬自己。"

五十二

"老实讲,"对此梅尼普斯回答,"这一定是你们的头脑天真,而你们的对手又太愚蠢。我很容易想象(你们的故事允许我这么想),世上的确有人足够愚蠢,他们明明没有看见奇迹,却想象自己的确看见了;可是反过来,如果这些奇迹千真万确,真的像你们讲述的那样,那么,绝不会有人认为世人会愚笨到拒绝相信它们。我们得承认,贵乡总是出产一些怪人,我们在他们身上简直找不到任何一点和其他人相同的地方。我们在你们那里总能看到在别处见不到的事情。"

五十三

对这些老实人甘愿轻信奇迹,梅尼普斯赞叹不已,在他眼中，这些人都是最狂热的。不过，为了充分满足自己的好奇心，他又补充说了下面几句话，那口气仿佛是在否认他刚才最后的用词："我刚刚听到的这些事情是如此奇妙，如此不同凡俗，如此新颖，如果能更进一步地了解你们的首领，那将带给我多大的欢愉啊！要是你们能告诉我这些事，我实在感激不尽。一个如此神圣的人，他生活中的一切细节都值得被全世界知晓。"

五十四

马可是最早移居到荆棘道上的垦殖者之一，他自信可以将梅尼普斯招募为士兵，于是立刻开始细细讲述他的首领的所有壮举和功绩，例如他如何从处女之身诞生，占星术士和灵魂的指路人如何在襁褓中就认出了他的神奇不凡，以及他在童年和生命最后年月中的奇迹，还有他的生活、死亡和复活……总之，无一遗漏。马可并不限于只讲"人子"（他的主人正是这样屈尊自称的，特别是当采用过分招摇的头衔会招致危险的时候）的各种事迹，他还详述了他的言论、演说和箴言；他的叙述是完整无缺的，关于他的主人的一切故事和他的律法都包含在其中。

五十五

梅尼普斯耐心地听着马可的话，丝毫没有打断他，等他讲完方才接过话头，不过他的口吻里没有什么想要投奔首领的账下、替他招兵买马的意思。"我喜欢您的首领讲的那些箴言，"梅尼普斯说道，"在我看来，它们与生活在他之前四百年的那些古代贤哲的说法是一致的。您兴高采烈地提起它们，好像提到什么全新的东西；的确，如果遇到粗鄙无文的民族，它们的确是闻所未闻的，可对于这个世界上其他的民族来说，这些教导毕竟太老旧了。它们倒是让我产生一个想法——这是我必须告诉您的——宣讲这些老掉牙的教训的人，在其实际行动中倒更有几分不同寻常，这让人感到惊讶。我想象不出，您的首领对风俗问题考虑得如此周全，怎么能创造这么多不可思议的奇迹呢？"

五十六

"不过，尽管他宣讲的道德对我来说都是老生常谈，"梅尼普斯接着说，"我却愿意承认，他实际行动中的奇迹不是这样。所有这些奇迹在我眼里的确充满新意，虽然不管对我还是对其他人而言，它们本不该如此。您的首领在世的日子离现在并不久远，一切理性时代的人都曾经是他的同代人。在如犹地亚①这样一个人来人往的帝国行省，竟然发生过这么多离奇之事，

---

① Judée，拉丁语作 Judaea，《圣经》地名，在今以色列南部地区，因古以色列人中的犹大支派而得名。

时间长达三四年之久，而人们居然对此一无所知，这种情况难道您能够想象吗？在耶路撒冷设有总督，驻军人数众多，我们这里到处都是罗马人，从罗马到雅法①，商队络绎不绝，而我们竟然不知道世上有你们的首领这样的人物，这又是多么不可思议啊。首领的乡邻天赋异禀，要么能看见他的神迹，要么看不见，全视他们自己的意愿好恶，而其余的人通常能看到，而且只能看到发生在眼前的事！你们对我讲，我们的士兵见证了首领过世和复活时发生的奇迹，见证过地震，看到过浓密的黑雾笼罩太阳长达三个钟头，天地无光，以及诸如此类怪力乱神的奇事。不过，你们也说过，这些士兵曾经用肉眼看到天上的神灵降临人世，揭去首领的封墓石，于是他们惊恐万状，魂不守舍；他们又曾经为了一点蝇头小利，断然否认那令他们无比震撼、把他们吓得要死的奇迹——但当你们这么讲的时候，你们忘记了这些士兵不过是一群凡人，或者至少你们把他们当作了以东②人，好像贵乡的空气让你们目眩神迷，让呼吸这些空气的外邦人都忘乎所以。再想一想，但凡你们的首领真的做下了任何一桩被你们归在他名下的奇迹，那么，包括皇帝、罗马城，还有元老院在内，整个世界都会知道此事，这个法力通神的人一定会成为众人谈话的主题，受到世人的敬仰。可是，事实上无人知晓他的存在。在我们这个行省，除了少数居民之

---

① Jaffa，今以色列特拉维夫，是古代地中海世界最早的海港之一。
② Edom，《圣经》地名，今分属以色列及约旦两国。

外,大家都把他视为一个骗子。马可,至少您得明白,如果真有这样一种人生,它是如此广为人知,如此光彩照人,如此不可思议,而现在却被彻底湮没,踪迹全无,那么需要有比您的这位首领的全部神迹加起来还要强大得多的法力才能做到这一点。所以,您应该承认自己迷失了道路,应该放弃这些虚幻莫名的奇思怪想,因为说到底,你们用来装饰这个人的故事的一切神迹,都不过是出自你们的想象而已。"

五十七

有那么一瞬间,马可被梅尼普斯的话惊呆了,但他很快恢复了一切狂热的虔信者的口吻:"我们的领袖是全知全能者之子,"他叫喊着,"他是我们的弥赛亚,是我们的拯救者和王。我们知道他死去又重新复活。那些看见过他、相信他的人有福了,而那些没有看见他、却依旧愿意相信他的人的福分会更大。罗马啊,放弃你的怀疑之心吧。高傲的巴比伦啊,穿上你用以赎罪的苦衣,用你的苦行来赎罪吧,快点,时光短促,你的堕落已经迫在眉睫,你的帝国已经日薄西山。你的帝国,我该说什么?这世界就快要变天,人子将现身在云端,审判那一切活人和死者。他来了,他就在那门口。今天还活着的人,他们中间有好多将会看到这一切的实现。"

五十八

梅尼普斯不能欣赏这样的回答,他向这个团队作别,离开了荆棘道,把这个地方留给狂热的信徒,让他们在这里滔滔不绝地向新成员训话,以便为荆棘道招兵买马。

五十九

阿里斯特,你对这场谈话怎么看?我想知道你的看法。"我承认,"你会对我说,"这些以东人可能都是大傻瓜,可是要说整个民族也出不了几个有头脑的人,这显然是不可能的。底比斯人是希腊最愚钝的民族,他们中间尚且出了伊巴密浓达、佩洛皮达斯、品达罗斯;① 我愿意听到梅尼普斯和历史学家约瑟夫斯或者哲学家斐洛交流,② 就像听到他和传道的使徒约翰与马可对话让我高兴一样。愚者千虑必有一得,一群白痴愿意相信只有少数智者才肯接受的事情,这又有什么不可以呢?有些人惯于愚蠢地信服权威,但这并不会泯灭其他人的睿

---

① Epaminondas(约前420—前362),古希腊政治家、底比斯统帅;Pelopidas(约前420—前364),底比斯统帅,伊巴密浓达的密友;Pindarus(前518—前433),底比斯抒情诗人。
② Flavius Josephus(37/38—约100),犹太历史学家,用希腊语著有《犹太古史》;Philo of Alexandria(约前20—45),犹太哲学家,曾试图融汇犹太神学与柏拉图主义。

见卓识。好了，还是请你回答我吧：关于荆棘道上的首领，斐洛说了些什么？"什么也没有说。"那么，约瑟夫斯又有何高见？"也什么也没有。"那么犹太史学家提比里亚的尤斯图斯[①]又有什么记述呢？"还是什么也没有。你怎么能够设想，梅尼普斯和一群饱学之士谈论那个人的生平和事迹，可他们对那个人其实根本闻所未闻呢？他们既没有忘记加利利的犹大[②]，也记得狂热的约拿单和反抗者丢大[③]，可提到你那君王的儿子，大家就住了嘴。怎么回事呢？那时，在犹地亚可是先后出了很多骗子，他们一会儿抛头露面，一会儿又无影无踪，大家是不是把君王之子看成了骗子堆里的一个？

六十

和君王之子同时代的历史学家都对他缄口不言，这种侮辱性的沉默深深触动了荆棘道上的居民，当然更触动他们的是栗树道的老居民在他们队伍面前的轻蔑态度。在那严酷的状态下，他们想到的是什么呢？是通过毁灭前因来消除其后果。"什么！"你对

---

① Justus of Tiberias（35—100），犹太历史学家、作家，著有《犹太战争史》一书，该书后亡佚。其生平和著作的大略情形仅见于约瑟夫斯等人的简单记叙。
② Judas of Galilee，犹太人领袖，在公元前后领导了反抗罗马统治的斗争。其生平主要见于约瑟夫斯的著作，《使徒行传》中也有一处提到他的名字。
③ Theudas（？—44），犹太起义领袖，后被罗马总督法度斯（Cuspius Fadus）处死。其生平事迹近于耶稣，载于约瑟夫斯的《犹太古史》。

我说，"通过毁灭前因！我听不懂你的话。难道他们能够在约瑟夫斯死后还让他开口讲话吗？"当然，这真是绝妙。你读到过这一处文字：他们把赞扬其首领的话插入了他写的史书中。不过瞧瞧他们是多么笨拙吧，他们既没有让杜撰的文字显得真实有据，也没有在书里找到恰当的位置来插入这些文字，结果一切都表明这根本就是伪造。他们让约瑟夫斯这位犹太历史学家，这位犹太民族的大祭司，这位如此虔诚地忠实于自己信仰的人开口讲出他们的一位向导的演说。可他们把这段演说辞插在了什么地方呢？这个插入的地方，恰恰截断、破坏了原作者的意思。那位向我提供梅尼普斯和马可之间的谈话的作者说："骗子总是搞不清自己究竟该要什么。他们贪心不足，结果总是一无所获。其实，只要巧妙地把两行字塞进那本史书，就可以帮上他们的忙的：那本书里从未提到过屠杀伯利恒的婴孩一事，其实本可以把这件事补充进大希律王①的诸般恶行中去的，反正大希律王的种种酷烈都被那位敌视他的犹太历史学家——详加描述过。"

六十一

在这个问题上你会有你的思考；不过还是和我一起回到荆

---

① Herod the Great（前73—前4），犹地亚国王，后被罗马人扶植，统治整个犹太人地区。其生平主要见于《犹太古史》。对后世基督徒而言，他的残暴声名主要来自《马太福音》中关于杀害伯利恒婴儿的记叙，不过这一暴行不见于《圣经·新约》之外的任何历史著作。

棘道上来吧。

六十二

  在那今天依然在荆棘道上艰难跋涉的队伍里,有人用两只手扶着头巾,好像它不肯服服帖帖戴在头上,总是会掉下来。你会发现有些脑袋天然就是和这个标记相配的,因为我们总是看到,如果头巾勒得紧,乱扎一气,它就会老老实实贴在额头。不过,头巾会怎么样呢?下面两种情况总是会必居其一的:要么,扶头巾的胳膊累了,让头巾滑落;要么,人们坚持把它扶住,久而久之终究让它稳当地戴在了头上。对那些胳膊酸痛的人来说,他们就像天生的盲人忽然被人揭开了眼帘一样,大自然的万物忽然呈现在他面前,其千姿百态和他之前接受的观念全然不同。这些受到启示的人如今走在我们的林荫道上,当他们在我们的栗树下憩息,呼吸着四周甜美的空气时,他们是多么快乐啊!当他们看到此前自己造成的伤口一天天愈合,他们是何等高兴!想到那些被他们抛弃在荆棘中的不幸的人的命运,他们又发出了多少哀婉温情的悲叹!然而他们不敢向那些可怜的人伸出手去。他们担心,由于缺乏跟随自己的力量,那些人会被沉重的身躯拖累,或者又受到一帮向导的蛊惑,重新陷入那密密匝匝的荆棘丛中去。说到这些叛逃者,他们其实很少离弃我们。他们愿意在我们的树荫下了此一生。但是，当他们就要抵达让众生普渡的境界时，又遇到了众多的向导。叛逃者们是常常呆痴而无主见的，于是那群向导趁机利用他们的愚笨或者麻木，重新整理他们的头巾，或者用细棒击打他们的长袍，在他们眼中，这便是赐福给对方。我们中间那些肯听向导说法的人会听凭对方行事，因为他们讲得天花乱坠，已经让所有人相信，凡是朝见君王，必须戴好头巾，还得用肥皂将其洗净并且轧光，否则一定是自取其辱。在有教养的人那里，这才是合乎礼仪，功德圆满，因为我们的时代推崇的正是礼节。

六十三

我从荆棘道出发，途经鲜花道，在那里略事休整，又抵达栗树道的林荫下；不过，我直到最后也不能以在此处的憩息而洋洋得意，因为这里的一切都难以确定。我像其他人一样，摸索着才能走完这段旅程。但不管怎样，现在我对君王神圣高贵的善良确信无疑，我坚信他更在意我的长袍而非头巾。君王明白，在我们的内心里，总是软弱大过凶恶。再说，这正是他为我们制定的律法的精义，我们倘若背离它，是不会逃过惩罚的。如果事情真的像我在荆棘道上听人说的那样（因为，即便在道上发号施令的人过得并不如意，但他们有时候还是能讲出一番大道理来），如果，我们的德行品格真的能够确切地决定我们当前的幸福——那么我们依自己的德行,自然是全体负罪——纵然君王把我们全部毁灭,我们中间任何一个人也不能说自己受了冤屈。然而我要告诉你,上面的话并不是我自己的看法。我不会毁灭自己,我想长久地活着,因为我深信自己只会是一个好人。在我看来,我们的君王既睿智又善良,绝不会做任何无利可图的事情。再说,惩罚一个坏兵士,他又能从中得到什么好处呢?难道就为了让自己心满意足?对此我绝不会相信。如果君王在我心中比我自己还要坏,那我一定会粗鲁地咒骂他。好人会不会咒骂他呢?假设他们真的咒骂了,那这一定是一种与好人的德行不可相容的复仇心,我们的君王行事从不在意他人的好恶,是绝不会将其放在心上的。我们不能说君王的惩罚是为了杀一儆百,因为没有人是会被刑罚吓倒的。如果我们的君王对众人施以刑罚,是因为他想让那些有心效仿罪徒的人心怀畏惧。

六十四

不过在走出荆棘道之前,你还得明白,所有沿着这条路走的人都怀有一种奇特的幻觉。他们总是觉得自己被一个亘古以来就阴魂不散的恶毒魔法师纠缠着。这个魔法师是君王和他的臣民的死敌,他的幽灵在他们四周徘徊,伺机蛊惑他们,在他们耳边窃窃私语,要他们扔掉走路的手杖,亵渎自己的长袍,撕掉头巾，转到鲜花道上去，或者来到我们的栗树下。每当他们感到自己快要屈服于魔法师的教唆时，他们就会求助于一个充满象征意义的动作，这个姿势一旦用右手做出，魔法师就会望风披靡——特别是当他们把手指浸入到某种只有向导才能准备的水里的时候。

六十五

如果我有缘得以详知那圣水的特征，还有那符号的力量和效用，我就绝不会为那位魔法师树碑立传。他的故事写出来洋洋洒洒有几千卷，无处不在表明，和他相比我们的君王不过是一个傻瓜，他曾经百千次算计君王，而争夺起君王的臣民来，也比一心想挽留他们的君王要精明千万倍。不过，我害怕招来人们曾经对弥尔顿发出的那种指责，害怕这恶魔般的魔法师成为我的著作里的主角——人们一定会说，魔法师简直就是我的著作的真正作者；我只想对你讲，人们形容他的样子，大概就和塞万提斯那部杰作乏味的续篇里，在梅多克公爵府上现身的魔法师弗雷斯通的丑陋模样差不多。我还要告诉你，人们在荆棘道上宣扬说，凡是在路上听了他的话的人，一定会被扔出兵营大门，在未来的几个世纪里，注定要和他一起受罚受苦，堕入火窟。如果真是这样，那么，我们就再也不会看见有这么多正人君子和同样多的骗子一起，挤在一座如此肮脏的兵营里了。

栗树道

> 你已经陷入疯狂,
> 而我们也都理智尽丧。
>
> 贺拉斯,《讽刺诗》,第二部,第三首

一

栗树道是一个宁静的处所,酷似古代柏拉图的学园。那里密布着茂盛的丛林和浓荫蔽日的憩园,一片宁静祥和的氛围。当地的住民天性庄重肃穆,却并不寡言严苛。他们仿佛是专门的论辩家,整日好做口舌之争,不过并没有那种尖刻固执、夸夸其谈的做派。他们平素待人处事,意气也自有纷争,却绝不影响彼此的友情,也不阻碍他们发挥自己的美德。与对手相斗，他们不会掺杂私仇，争斗场上固然不留情面，获胜时倒也不会趾高气扬。在此地的沙滩上，处处勾画着圆形、三角和其他的几何图形，人们在这里构思体系，闲来也偶尔吟诗作赋。我想，正是在鲜花道上，在香槟酒和托卡依葡萄酒①的陪伴下，诞生了《致乌剌尼亚》一诗。②

二

在这条道路上的大部分士兵都是步行。他们无声无息地走着，如果没有那些视他们为最危险敌手的荆棘道上的向导在暗中窥视他们，不时现身骚扰、袭击他们，那么这将是一场静悄悄的行军。我告诉你，在这条道上能够遇到的行人很少，如果你只想与那些想走到终点的行人相逢，那恐怕就更难如愿。对车马沉重的队伍来说，走这条道路不如走鲜花道舒适；倘若有人离了手杖就不能走路，那它更是一条绝路畏途。

三

有一个重大的问题必须弄清楚，那就是要知道这支部队究

---

① Tokay，一种原产自匈牙利和斯洛伐克的葡萄酒。
② *Épître à Uranie*，伏尔泰的一首诗，作于一七三四年。乌剌尼亚是希腊神话中掌管天文学和占星术的缪斯女神。

竟是不是一个整体，能不能组成一个共同体。因为，这支队伍里没有庙宇，没有祭坛，没有祭品，也没有向导。没有统一的旗帜引导他们，也没有任何让众人心服的规则：这伙散兵游勇分成一个个人数不等的小团体，他们各自都一心想要独立。这就好像身处古代的政府，每个省份的代表在议会里都有相等的权力。在我向你描绘这些士兵的特点之后，你会搞清楚这个问题的。

四

　　第一支部队历史久远，可以上溯到远古时期，其麾下的士兵们都会直截了当地告诉你，既没有什么林荫道，也没有树木和旅人，人们眼中看到的一切东西可能真的存在，也可能根本就是幻影。据说，这些士兵都很擅长战斗，在沙场上他们无需防守，可以专注于进攻。他们既不戴头盔，也不用盾牌和铠甲护身，却极其娴熟地使用一把双刃短剑。他们攻击一切目标，甚至自己的伙伴也在所难逃；当他们剑锋所指，让你伤痕累累，或者当他们自己也血流不止的时候，他们却会带着不可思议的冷血口吻，宣称这一切都不过是一场游戏，他们绝不会用白刃加于你身，因为他们手中根本无剑，而你也根本没有身躯。他们又说，很可能他们错了，可是对他们、对你来说，最要紧的还是搞清楚他们手中究竟有没有武器，弄清楚你所抱怨的这场争斗到底是不是他们的友谊的表现。关于他们历史上的第一个队长，有这样的传闻：此人在林荫道上漫无目标地游走，有时头脚倒立，或者倒退行走；他经常大大咧咧地撞到旁人身上或者树上，抑或掉进洞穴，扭伤身体，谁要是看不过去，愿意给他带路，他就会说自己本来在原地待得好好的，一切平安。谁要是和他谈话，会发现不管什么问题他都不置可否，即便有什么观点他也会自食其言；他一会儿爱抚你，随即又打你一耳光，疯疯癫癫，到头来还会问一句："我打你了吗？"这支部队没有旗帜，差不多两百年前，其中的一个兵士设计了一面军旗，那是一面用金、银、羊毛和丝线织成的天平，上面还绣着"我知道什么？"的字样，拿它作为部队的箴言。这部队东拉西扯的奇思怪想倒是一直吸引着各路信徒。说到伏兵袭击，巧用计谋，它旗下的士兵们都是一把好手。

五

另有一支队伍，人数较少，但历史同样悠久，它由从上一支队伍里叛逃出来的士兵组成。这伙人承认自己的确存在，世上也的确有林荫道和树木，但他们声称所谓军团和兵营都是滑天下之大稽的东西，即便那位君王也只是一个虚无渺茫的幻觉。至于头巾，不过是头脑愚昧的标记，那件长袍，也仅仅是因为畏惧惩罚，大家才去认真维护，让它不沾染一点污渍。他们勇敢地向道路的尽头走去，想象着那里的流沙会在他们脚下裂开，将他们吞噬，到那时他们就再也抓不着什么，也再没有什么东西会和他们相连，他们和世界从此两不相欠。

六

随后而来的人想法则又不相同。他们坚信兵营的存在，相信君王无穷无尽的智慧绝不会让他们停留在没有光明的暗夜中，他们也相信理性是自己从君王手中接过的馈赠，有了理性，就足以让他们步伐坚定地走下去。他们坚信必须尊敬君王，到了那一天，能不能得到君王的善待，全看他们这一路行过时的表现。再说，君王虽然严厉，却不是没有分寸，他的惩罚也同样是有限度的。一旦到了那团聚的地点，他们就会与之永不分离。他们遵从这社团的法律，了解并且培育各种美德，厌弃罪恶，把对情欲的节制视为获得幸福必不可少的保证。然而尽管他们性格温和良善，荆棘道上的人们依然瞧不起他们。你一定会问：这又是为什么？那是因为，他们从不佩戴头巾，他们相信有了双眼就足够找到前行的方向；要让他们相信军事法典的确出自君王之手，他们也要求拿出坚实的依据来，因为他们发现在这法典中，有某些条文并不符合人们想象当中君王的睿智仁德。他们说："我们的君王是如此公正，绝不会反对我们的好奇心。再说，除了君王的意志，我们又能寻找什么东西呢？人们给了我们一封据说是君王所写的书信，而我们的眼前又明明有君王亲手制作的作品，二者对照之下，我们简直无法相信这位伟大的工匠却是一位拙劣的作家。这个矛盾难道还不够明显，足够让大家谅解我们的震惊和不解吗？"

七

第四群人会告诉你，道路是在我们的君王的背上开辟出来的。这样的想象力比古代诗人笔下的提坦巨神阿特拉斯[①]更加荒唐。阿特拉斯用肩膀扛起天空，由于虚构的力量，错误也变得美丽动人。可在我们这里，人们随意滥用理据和模棱两可的语言，暗示我们的君王是这可见的世界的一部分，宇宙和君王融为一体，而我们自己也是他那庞大的身躯中的一部分。统领这些幻想家的，正是一群频繁闯入荆棘道，在那里制造惊慌的人。

八

在这群人旁边，走着一群更加奇特的斗士，他们步伐凌乱，散漫不成队形：他们中的每一个人都声称自己是世间唯一的存在者。他们承认这唯一的存在，可这思维着的存在者就是他们自己：由于在我们身上所发生的一切都不过是主观印象，

[①] Atlas，希腊神话中的提坦巨神之一，由于在反抗奥林匹斯诸神的战斗中失败，他被宙斯惩罚，将整个天空扛在肩头，永远不得解脱。

他们就据此否定世上除了他们自己和这些印象之外还有别物存在。于是，他们就同时是爱恋中的男女双方，同时是父亲和儿女，同时是花朵和踩踏花朵的人。近些天我遇到过一个奇人，他在我面前宣称自己是维吉尔。于是我说："您是多么幸福啊，神圣的《埃涅阿斯纪》让您青史留名，永垂不朽。""谁？我吗？"他回答道，"在这方面，我并不比您更幸福。""这从何讲起呢？"我说，"如果您真是那位拉丁诗人（维吉尔到底是您还是别人，这其实无关紧要），您就该承认，因为构思出了如此伟大的作品，您是值得人们无限敬仰的。您的作品热情似火！它是多么和谐！它的风格多么遒劲有力！描写多么细腻！布局多么精妙！""您是说我有布局吗？"他打断我说，"在我们谈论的这部作品里，连布局的影子都找不到。这只是一大堆毫无来由的思想罢了。如果我该庆幸自己用十一年的时间写出了这一万行诗，那么，我就该顺带恭维自己，因为我辩才无碍，妙语连珠，可以用流放的威胁让我的乡人臣服，而一转眼，在做了独裁者以后，我又可以给自己冠以祖国之父与保卫者的称号。"他的话让我睁大了双眼，如坠五里雾中，不知该如何协调这堆前言不搭后语的高论。我的维吉尔显然看出了自己的话让我不知所措，于是他接着说道："您大概不能明白我的意思，这么说吧，我既是维吉尔，又是奥古斯都，还是执政官秦纳①。可

---

① Lucius Cornelius Cinna，公元前八十七至前八十四年任罗马执政官，恺撒的岳父。

这还不是全部，今天我想变成谁就是谁，我会向您展示原来我可能就是您自己，而您却什么都不是。我可以升入云霄，也可以潜入深渊，而我并不因此越出我自己的范围，我感知到的永远只是我自己的思想。"他说这番话的语气带着夸张，不过就在此时，一支队伍的吵闹声打断了他，此刻道上一片喧嚣，这全拜这支队伍所赐。

九

这是一群年轻的疯子，他们曾经长时间地在鲜花道上行进，现在又转到了我们这条道上。这些冒失鬼举止轻浮，言语浮夸，人们简直要把他们当作酒徒。他们高喊着没有君王，也没有驻军，宣布他们将在道路的尽头义无反顾地被吞噬消灭。可所有这些想象全没有可靠的依据，也没有连贯的逻辑。他们就像那些入夜后在街上游荡的人，嘴里唱着歌，只是为了让别人，可能也是为了让自己相信他们无所畏惧，所以，他们也仅仅满足于制造噪声。如果有时候他们停止喧哗，那也是为了听一听别人的言论，好从中攫取几段漂亮的言辞，把它们当做自己的高论反复传播，顺便还可以在里面夹杂几篇无稽之谈。

十

这些自吹自擂的家伙让我们的智者心怀厌恶,这也正是他们该受的,因为他们向来居无定所,在不同的道路间来来回回。有时,他们喝多了烧酒,莫名其妙就被带到荆棘道上,一旦酒劲过去,又闯到鲜花道,而新酿的葡萄酒又会把他们带回我们这边——不过,这样的时间也不会久长。不一会儿,他们又会拜倒在那些向导的脚下,宣称自己要放弃曾经在我们中间说的话;但即便如此,只要他们闻到什么新的迷药的气味,又会把持不定,算计着如何逃离向导之手。他们信奉什么哲学,全看他们身体的感觉而定。

十一

在我观察这些自封的勇士的时候,我的幻想家已经消失了,于是我把观察其他的幻想家作为自己的消遣;这些人嘲笑所有的旅行者,他们自己没有任何情绪,也不相信他人能够产生合情合理的情绪。他们不知道自己从哪里来,为何而来,不知道自己要到哪里去,而且对此也并不关心。他们的战斗口号是:一切皆为虚妄。

十二

在这些队伍中间，有几支常常以小分队的规模出击，发起一场小小的战斗；只要他们得到机会，还能俘虏几个叛逃者和囚徒。荆棘道是他们喜欢的战场，他们会穿过一个隘口，利用一片树林或者浓雾，或者借助一切能够遮掩秘密行动的计谋，悄悄潜入荆棘道。如果遇到瞎子，他们就扑上去，驱散他们的向导，散发反对君王的传单或者讥讽总督的诗句，他们夺走盲人的手杖，扯掉他们的头巾，然后转身撤退。你要是看见那些瞎子没有了手杖的模样，一定会忍不住笑起来：他们站在那里，手脚无措，不知该往何处而去，他们摸索着四处游荡，大声喊叫，满心绝望，不停地向人问路，一步步远去：由于他们走起路来犹豫不决，所以随时都在偏离他们平常走的大路，但因为习惯成了自然，所以又总是会回到大路上。

十三

这些混乱制造者被逮捕以后，军事法庭控诉他们是一伙强盗，他们不承认背后有外部势力的怂恿。这种做法和我们的习惯完全不同。在我们的栗树下面，我们会安静地听荆棘道上的首领们讲话，等待他们的惩罚，我们也会反击，让他们不知所措，目瞪口呆，如果有可能，我们还会教化他们，至少我们会对他们的盲目轻率表示怜悯。不管怎样,我们总是在安静祥和的氛围中为自己声辩,而他们的风格却是一派狂暴。我们讲理,他们却胡搅蛮缠。他们口头上宣讲友爱,却散发着血腥的气息。他们的言语温柔动人,实则心如铁石。他们将我们的君主描述成残忍无情的暴君,只是为了给他们放纵情欲大开方便之门。

十四

不久前,我曾见证了荆棘道上的一位居民与我们的一位同伴之间的谈话。那位居民蒙着双眼,走向一座绿荫掩映的小屋,我们的同伴正在屋里做梦。两个人之间只被一道繁茂的绿篱分开,因为篱笆足够厚实,正好把他们牢牢地分隔在两侧,但并不妨碍彼此交谈。我们的同伴稍事理论之后,忍不住高声喊了起来,声音之大,和所有目空一切的家伙一模一样:"不,世上根本没有君王,根本没有什么东西能证明他的存在。"这句话传到蒙眼人耳朵里,他听得模模糊糊,还把对方当作自己的同道,于是气喘吁吁地问道:"兄弟,是我糊涂了吗?我是走对了路吗?你觉得我们是不是还有好长一段路要走?"

十五

"唉!"篱笆对面的人说道,"你这个不幸的、失去理智的人啊！你把自己弄得遍体鳞伤，白白流了这么多鲜血。可怜啊，你被那些向导做的迷梦欺骗了，白白地走了这么多的路，可你永远也到不了他们向你许诺的那个福天胜境。要是你不再迷恋身上的这件破衣服，你就会跟我们一样，看清楚再也没有什么东西比他们用来欺骗你的那套奇谈怪论更荒谬的了。说到底，请你告诉我，你究竟为什么要相信君王的存在呢？你的信仰到底是自己的思考和理智的结果，还是你的首领们给你灌的迷魂汤？跟他们在一起，你就承认自己什么也看不见，然后你就冒失地决断一切。可是你好歹应该从观察事物开始，从遵循理性、推敲是非开始，这样才能得出真正明智的结论。我倒是真的乐意从这个让你晕头转向的迷宫里把你带出来！来，让我摘掉你的头巾。""不，按照君王的意志，我绝不能这么做。"蒙眼人赶紧退后三步，一副如临大敌的样子，"如果我到君王面前时，去掉了头巾，睁开了眼睛，他会说什么？我又成什么人了？好吧，如果你愿意，我们可以聊一聊。也许你能够指出我的错误，可是从我这一边来看，我还是希望带你走上正途。如果我成功了，我们就是并肩行进的同路人，我们能一起分担旅程的艰辛，我们就能分享达到目的时的快乐。来吧，我听你说。"

十六

"好吧！"栗树道上的居民回答说，"你带着重重忧虑烦恼走在这条该死的路上,已经有三十年的时光了,比起启程的第一天来,你可曾往前进展了一步?和当年相比,现在你是否能更清楚地看到你的王庭的大门、房间和楼阁?你可曾看见君王宝座下的阶梯?既然你始终远离他,那么就说明你永远也抵达不了目的地。你得承认,你走上这条路没有任何坚实的理据,唯一的动力就是你的先辈、你的友人、你的同道为你树立的榜样,可这些榜样是多么不可靠啊,你一心想有朝一日住在那美丽的国土上,他们却没有一人告诉过你那片土地是什么模样。如果有个商人,他冒着千辛万苦,辞家远行,去往那一无所知、风浪滔天的大海,穿越干旱的沙漠,就因为相信了某个骗子或者蠢人的话,想去寻找什么宝藏,而关于自己历险的目的地,他唯一的了解就是这个骗子或者无知者的想象,那么,你认为这个商人是不是该进疯人院?这个商人,就是你自己。你走在一条陌生的道路上,让荆棘丛把自己擦得鲜血淋漓。关于你想寻找的东西,你其实一无所知;可是你并不愿意在路上照亮前行的方向,宁肯把双眼蒙上,把埋头赶路作为自己的法律。可是,请你告诉我,如果你的君王通情达理,聪明仁善,他会怎样看待在茫茫黑暗中穿行的你?如果这位君王出现在你面前,你又蒙着自己的双眼,那么你又怎么才能认出他来?难道你不会把他当做一个篡权者吗?带着这一身破烂的行头,你希望自己激起君王怎样的情感呢,是蔑视还是怜悯?假如君王根本就不存在,那么你一路行来,浑身的累累伤痕,又所为何来？倘若人死后有知，你定然会长久地被悔恨所折磨，因为你辜负了上天赐予你、让你享受人生的短暂光阴，一心忙着毁灭自己，而且你还把你的君王想象成一个残忍、嗜血，整日沉溺在叫喊和恐怖之中，以此自娱自乐的暴君。"

十七

"太下流了！"蒙眼的人激烈地回击说，"简直是在犯口孽，你这个心术不正的家伙。你怎么竟敢怀疑，甚至否认君王的存在？在你身心内外所发生的一切，难道不能向你证明这个真理？世界诉诸你的双眼，理性启示你的精神，罪恶震撼你的心灵，难道你竟全然不顾它们对君王存在的宣示？不错，我的确是在寻找我从未见过的宝藏，可是你又往何处去呢，你是在走向毁灭，这倒是你的好归宿！你的心中没有任何希望，恐惧主宰了你的命运，它把你导向绝望。不错，你优哉游哉，乐享人生，不过当你出现在君王面前，既没有头巾，也没有长袍和手杖时，他的判决将让你遭受比我暂时蒙受的不适要严酷得多、不堪忍受得多的惩罚，那么与你的结局相比，五十年来让我遍体鳞伤的过往又算得了什么呢？我冒了小小的风险，为的是有伟大的收获，而你不愿承担任何危险，付出的代价将是失去一切。"

十八

"冷静一点，朋友，"栗树道上的居民回答道，"君王和他的朝廷的存在，穿特定服装、戴头巾、拥有洁白无瑕的长袍的重要性，这一切都是可疑的，你却把它们当作不可动摇的真理。可是请允许我对你否认这些东西：因为，如果它们的确是错误的，那么你从中引出的所有结论就将冰消瓦解。如果物质是永恒的，如果运动决定了物质，一开始就让它具有了物质在我们眼中的诸种形式，那么，我究竟为什么需要你的君王呢？"

"如果被你称作灵魂的东西不过是组织的机体的自然结果，那么就没有君王的安排了。只要器官的运作还在持续，我们就能思想；而当它无法工作时，我们就会失去理智。当器官整个毁灭时，灵魂安在？再说，谁告诉你，脱离了身体，灵魂还能思考、想象、感受？现在让我们来看看你的那些规则吧：它们完全建立在一些任意性的约定的基础上，它们出自你们最初的向导之手，而绝非理性的结果，因为理性对所有人来说都是共同的，它在任何时间、任何场合都会向众人指明相同的道路，规定相同的义务，并且禁止相同的行为。和道德的真理相比，理性为什么会厚此薄彼，更有利于人去认识思辨的真理？因为大家都毫无例外地承认思辨的真理的确定性；至于其他的真理，在河流的两岸，在山峰的两侧，从这个边界到另一个边界，在越过一条精确线的前后，大家的观点的确莫衷一是。如果你想让我把世界看得更清楚些，就应该首先驱散我们眼前的这些迷雾。"

十九

"这正是我愿意做的，"蒙眼人回答道，"不过，我希望能够经常求助于我们的法典的权威。你了解这部法典吗？这是一部神圣的作品，它提出的每一项真理，其基础都超越了自然的力量，也就是说，和理性能够提供的证据相比，神圣的真理的依据要坚实得多，这二者确定的程度是完全不可相提并论的。"

二十

"啊，别提你的法典了"，哲学家说道，"让我们用同样的武器交战。我心甘情愿地不穿盔甲，而你穿的这套甲胄，与其说能够提供防护，倒不如说是在给它的主人使绊。我耻于占这样的便宜。这一点你想到过吗？再说，你从哪里得知你的法典是神圣的？即使是在你的那条道路上，众人真的相信这一点吗？你们的一位向导，以攻击贺拉斯和维吉尔做借口……你明白我的意思，我不会说更多了。我瞧不起你们的向导，所以绝不会引用他们的权威来反驳你。不过，你从充斥着这部法典的奇妙故事里能得到什么财宝呢？怎么！你相信这些闻所未闻的故事,还想强迫别人也去相信它们,就因为这些已经死了两千多年的作者们的信誉?要知道你的同辈人却每天都用发生在你身边、你能够验证的事情来折服你!有些事,在你耳边已经讲得太多,你对这些故事早已烂熟于心,乐此不疲,你还添油加醋,或者随意删改,结果关于这些事情你的话总是前后不一,自相矛盾,人们难以辨别你的话里什么是真,什么是假。此外,你又喜欢吹嘘自己熟知过往的黑暗时代,能够毫不费力地调和你最初的向导之间的复杂关系!老实说,你尊敬他们过了头,简直超过了你希望获得的对你自己的尊敬,你几乎不肯听从你内心的自尊。"

二十一

"啊,你是在说哪一个妖魔?"蒙眼的人回击说,"你看我们的长袍上有许多污渍,这妖魔就是其中大多数污点的罪魁祸首。在你身上,自以为是的傲慢正在萌芽,这让你不懂得节制自己的理性。啊,如果你和我们一样,懂得驯服这样的倾向就好了。你可曾看见我们这些苦行者身上的苦衣?你可愿试穿它们?这样的惩戒来自君王的忠仆。让我抽上你几鞭,好教你的灵魂懂得向善。但愿你懂得苦修是一种甜美,懂得它能给士兵带来多少益处!通过赎罪的生活,苦修能把我们带向启示,带向和君王的结合。我看我是头脑发昏了!我怎么能对你讲神使用的语言呢？我会因为亵渎神言而受到惩处，而你倒是得了神灵的启示……"

二十二

现在，拉门绳开始收紧，鲜血开始流淌，是短兵相接的时候了。"可怜的人！"他的对手喊了起来，"是什么样的狂热勾走了你的魂魄？如果我不是这么具有同情心的话，简直要嘲笑你凭空捏造出来的这个人物。你在我眼里就像一个盲人，自己看不见，还捶胸顿足，吵着要给眼科名医让德隆的学生治眼，让人家重返光明；你又像《堂吉诃德》里面的桑丘，明明自己中了邪，还要鞭打自己，想着给杜尔西内娅解除魔法。可你是个人啊，就跟我一样。到此为止吧，朋友，你以为靠这样蛮干就能抑制、驯服你的自尊心，可说到底它还会缩到你的自我惩戒里，从中表现出来。别忙着举手打断我，听我说。你靠改变总督的模样，就能给他脸上重重添彩吗？如果你敢这么做，那么军事法庭的小跟班们就会马上来抓你，把你扔进监牢，让你在里头度过后半辈子，难道不是这样吗？我们是在讲道理，你看，我用的正是你的原则。人们对各位君王的尊崇无不有其外在的表现形式，这种形式并没有其他的依据，要么就是他们的骄傲，当然，应该满足这种骄傲，要么，大概还有他们的苦难，倒是应该让他们从中解脱出来的。可是说到你的君王，他是多么幸福啊。如果他本身就是圆满的、不待他求的,就像你说的那样,那么你的祈愿、你的祷告和你装腔作势的姿态,又有何用?你的君王要么已经预先知道你想要什么,要么他对此一无所知;假如他的确是知道的,那么他就会决定是否赐福给你,或者拒绝你的祈愿。你再怎么纠缠也无济于事,不会剥夺他的判断力,你的叫喊催促也不会让他乱了阵脚。"

二十三

"呵,现在我能猜到你是何方神圣了,"蒙眼人回击道,"你的体系就是要摧毁那千万栋华屋广厦,撞开鸟笼的门,把我们的向导改造成只知埋头耕地的农夫、只懂打打杀杀的士兵,让罗马、安科纳和孔波斯特拉都陷入贫瘠:从这一点我就能断言,你的体系是要摧毁一切社会。"

二十四

"你的结论完全错了,"我们的朋友反击说,"它只摧毁恶俗流弊。我们已经看到,一些伟大的社会根本没有这些陈规陋俗,它们运行得很好。现在依然存在着这样一些团体,它们的成员非常幸福,根本不知道这些戒律为何物。如果对比一下这些轻装上阵的人,以及那些以知晓你的君王自炫的人,如果你再考察一下后者关于君王的观念是多么荒谬、自相矛盾,你就会更有把握地得出结论:根本不存在所谓的君王。试想一下,假如你的父亲住在印加帝国的都城库斯科,而你住在马德里,如果他只能给你一些含混不清的印象,那么,你真的能说自己了解父亲吗?"

二十五

"但是,"蒙眼人再次回击说,"如果我的父亲给我留下了他的一部分遗产,那我又该如何想呢?你会和我一样,承认我的思考能力、推理能力都来自神灵。我思,故我在。我的存在并非来自我自己,而是来自一个他者,即那位君王。"

二十六

"对于这一点,我们看得很清楚,"栗树道上的居民笑着回答,"你的父亲剥夺了你的继承权。你徒有这让你津津乐道的理性,可你用它究竟做了什么事情呢?在你的手里,它不过是一件无用的工具罢了。在你的那伙向导的监管下面,它唯一的用处就是让你绝望。当那些向导开口讲话时,理性会告诉你,在你眼中的降示之神,其实不过是一位精灵古怪的君王;你自豪地以为,自己不屈不挠,披荆斩棘,跨过山川沼泽,从他身上获取了恩赐，可最终还是一场空。因为，你在道路的尽头究竟会不会丧失耐心，撩起头巾的一角，多多少少污染你的长袍，这全由他的意志来决定，可对他的心思，你怎么能知道呢？倘若他做了这样的决定，你就会屈服于他的意志，也就会一无所得。"

二十七

"不，"另一人说，"等待我的是不可思议的酬劳，我会从中得到支持。""你所说的不可思议的酬劳是什么？""酬劳是什么？是令我看见君王，始终看到他，看到他一直在那里，不管我看见他多少次，我会永远欢喜赞叹，就如我初见他一样。""怎么会这样呢？""你问为什么会这样欢喜吗？因为我们的松果体或者胼胝体上插入了一盏昏暗的灯，我不知道太多详情，可它会把一切都清晰地向我们揭示出来，以至于……"

二十八

"好极了，"我们的同伴说，"不过直到现在，我看到你的灯依然是烟雾笼罩：从你的话里得到的全部结论就是，你只是因为恐惧才侍奉你的主人，你的忠诚也只是以私利作为基础，这真是为奴隶量身打造的低劣情欲。你刚刚还在言辞激烈地攻许自尊心，可它正是你的行为的唯一动机，而你还希望你的君王能够嘉奖它。来吧，如果你改弦易辙，转到我们这边来，你会是个赢家，你会摆脱恐惧，超越你的私利，这样你至少能够平静地生活；这样做仍然有风险吗？那最多不过是，人死如灯灭，一了百了，仅此而已罢了。"

二十九

"真是撒旦的走狗啊！"蒙眼人再次回击说，"滚开，魔鬼。我看明白了，道理给你讲得再透彻，也还是对牛弹琴。等着吧，我会寻找更有效的武器的。"

三十

他于是大喊不可走脱了大逆不道的反叛者，随着他的叫喊，我看见许多愤怒的向导从四面八方跑过来，一个个腋下夹着柴捆，手里拿着火把。我们的同伴见势头不对，悄悄地绕到那些曲曲折折的小径，潜回了自己的道上，而蒙眼人则拾起手杖，意气风发地走在他的路上。他不住口地向同伙讲述自己的奇遇，赢得一片殷勤的叫好声。他在众人的恭维里得了彩头，忍不住决定把自己的理论刊印出来，题目便唤作《论光的存在与特性之物理和道德原理》，署名是"一位西班牙盲人"，由某位盲人院财产管理委员翻译并做注。那些四十多年来虽然不明所以但自以为眼神炯炯的人，都被邀请来读这本书。无缘读到这本宏论的人倒也不会生气，因为他们迟早会得知，书里不过是复制了先前的谈话，而且还经过一番添油加醋，因为如果凑不到足够的页数，让书显得厚重，编书的人就没法向书商交差。

三十一

这场争论引发了很大的反响，哪怕在栗树道最远处的人也有所耳闻，于是大家觉得有必要弄清事实，应该召集一次大会以讨论蒙眼人和阿德俄斯（这是我们的朋友的名字）究竟孰是孰非。熟知这场辩论的人被要求在会上扮演前者，并且不可削弱、嘲讽他的论证。大家发现我距离争论的现场很近，便选中了我；至于我本人，尽管十分厌恶为一个本来毫无依据的理由提供辩护，但一想到真理的重要，倒也感到责无旁贷。在会上，我们的斗士把他针砭的东西又重复了一遍，我则以最高的忠实度重现了蒙眼人的回击。听众的意见自然是有分歧的，这也是我们当中的常态。有些人表示，论辩双方的道理都站不住脚；另一些人则认为，开启这样的论辩，对澄清我们共同关心的问题总是有益的。阿德俄斯的朋友们取得了胜利，但他们并不想就此去征服其他的团体。我的同伴们和我一致认为，他们庆贺得胜未免太早了些，因为，即便他们摧毁了那些拙劣的论据，但面对那些说理能力更强大的反对派，也不该盲信自己理所当然能击败他们。在这场意见纷争当中，我们中间的一个人建议给每支部队都组建一个两人小组，把他们派到道路的前沿，以便根据他们侦察的结果，判断部队中谁是首领，应该跟随哪些军旗。这个意见听上去很明智，得到了采纳：我们为第一组选派了皮浪主义者芝诺克莱斯和达米斯；第二组是与蒙眼人论辩中的英雄阿德俄斯和无神论者克珊托斯；斐洛克塞纳和我代表第三组即自然神论者；第四组是斯宾诺莎的信徒奥利巴泽和阿勒克梅翁；第五组是怀疑主义者蒂斐勒和内雷斯托尔；至于第六组，一群自视甚高的人个个都想毛遂自荐，人人都想加入侦察队。不过我们提出，不能选拔那些在品行、坚韧、学识和忠诚等方面遭人非议的候选者，大家嘟哝着服从了这个意见。我们把警备口令定为"真理"，然后就动身上路了。至于大部队，他们暂时停驻不动，以便给我们留出必要的提前空间，确保他们能根据我们的行动来决定进止。

三十二

这是一个美丽的夜晚，如果遇到小说家，他绝不会不浓墨重彩地描写它。可惜我只是一个干巴巴的历史学者，只能简单地告诉你，那时月亮高挂在天顶，天空没有一丝云彩，星光漫天。我正巧挨着阿德俄斯行军,开始我们一声不吭,但时间久了,耐不住在静默中行军的寂寞,我便向阿德俄斯开了口:"你看见这些星星的光彩了吗?你有没有注意到,它们中间有的按固定的轨迹运行,有的恒常静止不动,有的相互呵护,还有,它们对我们的地球究竟有什么用处?如果没有这些天上的火炬,我们又会怎样?是哪位神祇用他仁慈的手点亮了它们,并且让它们的光芒从不泯灭?我们享受着这些星星的光辉,但我们会不会忘恩负义,把这样的奇迹的产生归结为命运偶然的结果?它们的存在和那不可思议的秩序,难道不会引导我们去探访这自然的作者吗?"

三十三

"好兄弟,这一切不会把我们引到别处去的,"他反驳我说,"你注视星空的目光,含着一股我说不清道不明的热情。你的语调里透着想象,它凭空创造了一种美丽的装饰,让那个我说不清的存在蒙上了一层特别的光辉,可这个存在自己从来没想过这些。这就好像一个刚从外省来的自以为是的家伙,他觉得建筑师塞尔万多尼①是为了他才设计了阿尔米德花园或者修建了太阳宫。我们面前摆着一台陌生的机器,大家都在观察

---

① Giovanni Niccolò Servandoni(1695—1766),法国画家、建筑家、设计师。

它,有人觉得,能从中看到运动的规律,也有人觉得它的运动毫无秩序。有些人不学无术,只看了其中的一个轮子,勉勉强强认识上面的几个齿轮,便大言不惭地推论这机器上成千上万个轮子的传动,可他们对这些零件的运作和动力根本一无所知;这还不算,他们仿效工匠在自己制作的钟表上落名,想找出这台机器的作者的名字。""可是,"我反驳阿德俄斯说,"我们需要比较一下:一座摆钟、一只走得很准的表,难道它们不能显示出制作它们的钟表匠的智慧吗?你难道敢说,世上有这些钟表,只是偶然的结果吗?"

三十四

"要当心,"他反驳我说,"这两件事是完全不同的。你比较了两个东西,一个是一件完成了的作品,我们很清楚它的源起和制作它的匠人,而另一个是一件未完成品,它的发端、现状和终结都是未知的,至于究竟是谁创造了它,你不过是在凭空猜测罢了。"

三十五

"这种不同又有什么意义呢?"我回击道,"既然它是有发端的,那么怎么会不是出自某人之手呢?至于它的现状,我难道不是看得清清楚楚吗？它的结构纤毫毕现，难道不正说明它有一个创造者吗？"

三十六

"不，"阿德俄斯说，"你根本没有看清它现在的样子。你从何得知，让你赞叹不已的这个秩序，不会在另一个地方戛然而止？难道你竟然可以从一个点推导到无限的空间？人们在一个大花园里随手抛撒堆砌了些泥土和残砖断瓦，而蚯蚓蚂蚁却在里面找到了自己的安乐窝。如果这些小虫也像你一样想问题，那它们是不是也该赞叹那位无心之中给它们营造了宅邸的园丁？"

三十七

"先生们，你们什么也不明白，"阿勒克梅翁这时打断了我们的话，"我的同伴奥利巴泽会向你们展示，天上那颗即将出现的璀璨的大星，便是君王的眼睛；其他的星光，或者是他王冠上的钻石，或者是衣服上的纽扣，今晚，他穿的是深蓝色的衣服。你们喜欢争论君王的服饰，可明天他或许就会换装：也许，明天他的眼睛里就会饱含泪水，那件今天看上去光彩熠熠的长袍，也许明天就会沾满尘埃。这么说起来，你们到底凭什么来辨认君王呢？啊，其实，你们该在自己身上去辨认他。你们融入了君王的存在，他就在你们身上，你们也在他的身上。他的实体是独一无二的、广袤的、无处不在的，这实体是唯一的存在，其余的一切不过是它不同的模态罢了。"

三十八

斐洛克塞纳这时插话说："说到这一点，你们的君王真是一个奇特的复合体。他可以在沉睡的时候保持清醒，走路的时候顺便休息，他幸福的同时又十分不幸，忧愁的同时感到开心，一边无动于衷一边又苦痛不堪，他可以同时感受到各种截然相反的情绪和状态。他以一人之身兼为君子和骗子、智者和疯子；他为人既懂得自制又恣意放荡，既温和又残忍，集所有的恶行和美德于一身。我不知道你们怎么才能掩盖这些矛盾。"这时达米斯和内雷斯托尔也轮流发言，先是站在斐洛克塞纳一边辩驳阿勒克梅翁，他俩言辞激烈，首先质疑了阿勒克梅翁的意见，接下来矛头一转又攻击了斐洛克塞纳，接着介入到我和阿德俄斯的对话中，最后又带着一副若有所思的语气，用意大利语对我们说道："让我们走着瞧吧！"

三十九

此时，黑夜将尽，红日初升，在我们眼前出现了一条大河，它曲曲折折的走势，正好截断了我们前方的路。河水虽然清澈，但又深又急，我们中间没有人敢径直下水。于是众人派斐洛克塞纳和蒂斐勒前去试探，看河床会不会在某处变得平坦，让人可以徒步涉过。他们出发以后，其余的人就在河岸边坐下休息，那里有一片被杨柳遮荫的草地。远处，一系列陡峭的山脉映入我们的眼帘，山上覆盖着冷杉林。"你会不会私下里感谢你们的君王呢？"阿德俄斯语带讥讽地问我，"你看，这里有一条不冒着淹死的危险就难以渡过的大河，还有那悬崖陡壁，不忍饥挨饿、劳筋苦骨，也无法翻越。这都是你们的君王为了众人的舒适惬意，在此地安排的两大地势格局啊，结果却要让这么多老实人为之受窘发狂。设想一个为满足自己和友人的愉悦而经营庭院的人，他绝不会失去理智，让大家在如此危险的道路上散步。你声称宇宙出于你们的君王之手，可你现在至少得承认，面前的两大地形和他的品味并不相称。只要有几条小溪滋润，这里就足以土地肥沃，芳草鲜美，要这条大河有什么用处呢？再看那些蛮荒粗鄙的巨石，难道在你眼中更胜过美丽的原野？我们再一次看到，主宰这一切的绝非理性的规划，而是造物者心血来潮时的胡作非为。"

四十

对此我回答说："假如有这么一个政客，他是军事的门外汉，从来没有列席过君王的御前会议，更不知晓君王的意图，现在他却要对军国大事指指点点，税收、行军、扎营、舰队的航向，他都要说三道四，喋喋不休，而战斗的大捷、协商的成果、远航的胜利，这一切在他眼里都成了因缘附会，试问，你该怎么看待这个政客？你一定会为他的错误感到羞耻，可他的错误正好和你的过失一模一样。你抱怨眼前的山川，因为它们的地势妨碍了你此刻的旅行，可是天地之间莫非只有你一个人？你何曾考虑过此地的山川形势与宇宙万物整体之间的利弊关联呢？这条河流经之处，河水都要浇灌沿途的土地，水量是否足够保障土壤的肥力？它是不是还要承担沿河几座大城之间的航运？对这些问题你能不能回答呢？至于你刚才设想的小溪，只要日光猛烈，它们很快就会干涸，又能够起到什么作用呢？再说那些不入你法眼的巨石，它们上面生长着草木，其用途是无可争议的。从山峦的深处，可以开采出矿藏金属，山巅又是巨大的蓄水池，雨雪雾气都在这里聚集，然后一点一滴地流溢开来，形成远近各处的溪流、泉水与江河。亲爱的朋友，这就是我们的君王的意图啊。正是因为他足够理智，才不会听从你的胡言乱语，可是你已经听到了很多事情，足够让你明白，世间的确有一只永恒的手，是它挖掘了蓄水池，开辟了江河航道。"

四十一

芝诺克莱斯看到双方的争辩就要升级,便用手势示意我们稍安勿躁。他说:"你们两个人都过于急切了。在你们看来,这是一条河流、一些峭壁,对吧?可是我想告诉你们,在我眼里,你们所谓的河流其实是坚硬的晶体,人们可以放心大胆地在上面行走,而那些峭壁不过是一片很容易穿越的浓雾。你们可以看一看我说的对不对。"说完,他就纵身跃进了河里,一下潜到水面以下六尺多深的地方。我们看得心惊胆战,担心他的性命,幸好奥利巴泽水性娴熟,他跳进河里,抓住芝诺克莱斯的衣服,把他拉回了岸上。我们还惊魂未定,看到他的模样,大家都忍不住笑了起来。他自己却睁大双眼,浑身滴水,问我们为什么这么快活,是不是得到了什么好消息。

四十二

就在此时,我们的先遣队员从前方急匆匆地赶回来。他们告诉我们,在河的下游不远处,他们发现了一座天生桥。那是一座宽阔的岩石山岗,河水在下面冲开了一个通道。我们借此桥过了河,在山脚下沿着河的右岸走了三里路。芝诺克莱斯不时会有低头向右边的山石上撞击的冲动,据他说,这是要穿透浓雾。

四十三

我们最后终于抵达了一个风光宜人的山谷，它截断沿途绵延而至的山脉，通向一片宽阔的长满果树的平原。树林中最多的是桑树，桑叶上还有许多蚕。我们还能听到大群的蜜蜂在上了年头的橡树的空洞里嗡嗡飞舞的声音。这些小虫毫不停歇地劳作着，惹得我们也目不转睛地盯着它们。这时斐洛克塞纳借机询问阿德俄斯，在他眼里，这些灵巧的小生灵是不是一些自动机。

四十四

阿德俄斯对此回答说："假如我告诉你，这是一群小小的魔法师，它们有些藏身在这些节肢毛虫里，有些寄居在苍蝇的体内，就像前不久我们的一位朋友所说的那样；我想，你即便不会很开心，至少也会心平气和地听我的看法，而且和以前在荆棘道上相比，你还会对我更客气一些。"

四十五

"你倒是为我说了句公道话，"斐洛克塞纳谦逊地回应道，

"有些玩笑是天真、轻松的,我不会肆意抹黑它们。那种不肯与人为善的态度,绝不是我们的风格,它是大度宽容和理性精神的大敌。不过,如果把这些小虫只当做机器,那么那位匠心独运、一手创造它们的大人物……""得了,我知道你想说什么,"阿德俄斯打断了他的话,"你又想谈论你的君王了吧?这位高高在上的君主,居然在毛虫的腿脚和苍蝇的翅膀上施展他的神力,这真是好手段、好消遣啊!"

四十六

"停止你的冷嘲热讽吧,"斐洛克塞纳反驳道,"那些让世人惊叹艳羡的事情,一定包含着造物主的良苦用心。在这个宇宙里,没有什么东西不是在某个意图下被创造出来并且被安置好的……""哦,又是意图,意图!"阿德俄斯不耐烦起来,"真让人受不了。"这时达米斯也凑了过来:"这些先生们一定都是那位大工匠的知音,不过,就像学究们评论作家的微言大义一样,他们也总能让别人说出其实脑子里根本没有想过的事情。"

四十七

"不完全是这样,"斐洛克塞纳又接着说道,"自从有了显微镜,人们就发现小小的蚕虫原来也有五脏六腑,我们从此也知道了这些不同器官的机制和用途；我们还考察了在这些器官里循环的体液的运动和渗透，研究了这些昆虫的劳作。在有了这么多发现之后，难道你觉得，我们还是在盲目地谈论昆虫吗？再说，且不谈蜜蜂是如何灵巧，我以为，仅就它们的吻管和刺的结构来看，就不能不说是个奇迹，但凡一个人有正常健全的理智，他绝不能把这样的奇迹视作某种说不清道不明的物质的偶然运动的结果。""这些先生们从来没有读过维吉尔，"奥利巴泽打断了他，"我们的这位先贤大哲早就说过，蜜蜂分得了神的光辉，它们是神的一部分。"这时我又反驳说："有一点是你的大诗人和你自己都没有考虑到的——你们不仅神化了苍蝇，还同样神化了大海里的每一滴水和每一颗沙粒。这样的夸夸其谈是多么荒谬啊。还是让我们回到斐洛克塞纳的话上面来。如果他对昆虫的准确观察能够推导出我们的君王的存在，那么，还有什么东西不能从人体解剖或者对其他自然现象的知识中推论出来呢?!"这时阿德俄斯再次发表了他一贯的立场："我看，除了万物是有组织的这一点之外，什么也推论不出来。"大伙看见他说这句话时十分局促，就安慰他说，可能他的看法也有道理，但我的看法才更可靠。

四十八

这时奥利巴泽激动了起来："如果斐洛克塞纳占了理，那么阿德俄斯就定然错了。不过只要阿德俄斯再往前走一步,他至少可以抵消对方的优势,让辩论不分胜负。"然后他接着说道:"除了万物是有组织的这一点,从斐洛克塞纳的话里的确无法再推论出别的东西;不过如果我们能够证明,物质,甚至可能包括物质的秩序,全都是永恒的,那么又该怎么看斐洛克塞纳的话呢?"

四十九

奥利巴泽继续严肃地说:"如果过去从来没有过存在,那么今后也永远不会有存在。因为如果要获得存在,首先必须行动,而行动的前提恰恰首先需要存在。"

五十

"如果以往只有物质的存在,那么精神性的东西也就不会存在;因为,如果后者能够存在,要么它们需要自己将存在赋予自己,要么它们需要从物质性的存在那里获取存在。假设精神性的存在是由它们自己赋予的,它们就需要在存在之前先有所行动;假如其存在来自物质,则它们就是物质的结果,这也就意味着,从此我可以把它们看作是样态的特性,而这绝不是斐洛克塞纳的观点。"

五十一

"假设以往只有精神性的东西是存在的,那么,物质性的东西同样也不会存在;因为这样一来,精神的全部功能就仅仅限于思想和意志。可是,由于我不能设想思想和意志能够作用于它自身的创造物,更不能设想它们能够作用于虚无,我只能认为根本无物存在,除非斐洛克塞纳能够向我证明相反的东西。"

五十二

"在斐洛克塞纳看来,精神性的存在绝不是形体存在的一种样态。而我认为,我们绝没有理由把形体存在当作精神存在的结果。从他的立场和我的推论中可以引出这样一个观点:精神的和形体的存在都是永恒的,这两种实体共同构成整个宇宙,而宇宙就是神。"

五十三

"让斐洛克塞纳继续用那种目空一切的口吻讲话吧,这种语气不会让任何人高兴,更不会让哲学家们高兴;随他继续高喊'你们把蝴蝶、昆虫、苍蝇、水滴和一切物质分子都神化了'吧,他爱喊多久就喊多久。我将告诉他,我不会把任何东西神化。只要你们略微明白我的意思,你们就会看到,恰恰相反,我总是努力把一切自以为是、一切谎言和诸神都从世界中驱逐出去。"

五十四

斐洛克塞纳从未预料到,他向来轻视的对手居然能够做出如此强有力的反击,这让他有些不知所措。就在他努力定下神来准备反驳的时候,所有人的脸上都出现了狡黠的欢快神情,这种神情似乎来自某种隐秘的嫉妒心理,那是最睿智贤明的心灵都无法完全杜绝的。到目前为止,斐洛克塞纳一直占了上风,看见他受窘难堪,而且还是受挫于一个向来被他傲慢对待的敌手,大家倒是颇为快慰。关于斐洛克塞纳又说了些什么,我不会再告诉你。他正要措辞回应点什么,天就黑了下来,一片厚厚的乌云笼罩下来,我们陷入茫茫夜色之中,再也看不到大自然的景致,于是我们不得不决定就此停止争论,并且要把争辩的结果告诉那些派我们前来的人。

五十五

就这样我们踏上了回返栗树道的路。抵达之后,人们听我们讲述了这段旅程以及途中的对话。他们此刻还在掂量我们孰是孰非。如果他们做出了最终的审查结论，我会把它告诉你的。

五十六

唯一可以让你知道的是，阿德俄斯返乡之后，发现他的妻子已被人绑走，孩子们被人掐死，他的家里也遭到抢掠。人们把怀疑的目标定在那个隔着绿篱和他争论的蒙眼人身上。阿德俄斯曾教他，只要不招来祸害危险，能够脱身，就应该放胆蔑视良心的声音和社会的法律。大家疑心就是此人悄悄离开荆棘道，趁着阿德俄斯不在家，也没有其他人的旁证，暗中做下这般勾当，还可以因此逃避惩罚。对可怜的阿德俄斯来说，这次历险中最悲伤的事情莫过于他偏偏没有高声抱怨的自由，因为先前教唆了那蒙眼人的正是他自己。

鲜花道

> 那些头脑昏乱，在罪恶的扰动下，
> 　　分不清真伪虚实的人……
>
> 贺拉斯，《讽刺诗》，第二部，第三首

一

我并不经常在鲜花道上漫步，可我依然熟知它，能告诉你它的妙处以及当地居民的天性。与其说这是一条道路，倒不如讲是一座广阔的、处处让人心旷神怡的花园。在色彩斑斓的花坛后面，紧接着大片青苔铺就的地毯，草坪上溪流遍布，满目青翠。光线幽暗的林中，树丛密密匝匝，道路纵横交错，纵使在此迷途，远离喧嚣的游人也会沉醉其中，乐而忘返。

二

鲜花道上建有众多用途各异的小屋,其中或精心布置餐台,摆满美酒佳馔,或设有一应纸牌筹码,专供人赌博,足以让人在温柔乡中倾家荡产。

三

此处聚集的客人都喜欢摆出沉思的神态,可几乎从不倾吐内心的想法;他们一团和气,彬彬有礼,其实却毫无交情,甚至相互憎恶。聚会总是通宵达旦,在觥筹交错的欢宴之后,还有更加精美的夜宵,但此辈三三两两凑在一起,无非是议论某位妇人的是非,评点当晚的某道佳肴,夸耀各种真假难辨的奇遇,或是含沙射影地嘲弄彼此。

四

更远处是几座灯火通明的大厅。人们在里面欢笑或者哭泣,或者载歌载舞;还有人在那儿评头论足,滔滔不绝,不停地呼喊、争执,可大多数时候他们并不知道自己究竟在做什么。

五

这里真是温柔富贵之乡,风流韵事之地,处处是打情骂俏、搔首弄姿,处处是欢歌笑语,可欢娱背后无不隐藏着恼人的烦忧。这里没有几个用情专一的男人,个个都是情场上的浪荡子!他们从早到晚都在谈情说爱,可谈笑声里从来见不到一点真心。

六

我不想再和你多谈那些阴暗的,设有宽大、柔软的沙发的屋子,你自然能想到它们的用途。人们经常更换这些沙发,乐此不疲,好像这是他们唯一的工作。

七

这里的公共图书室收藏了从古至今关于爱情及其秘密的文字,自古希腊抒情诗人阿那克里翁[1]到马里沃[2]的作品,无不搜罗备至,简直堪比希腊基西拉岛上的档案馆。看门的是写了

---

[1] Anacreon(前582—前485),古希腊抒情诗人。
[2] Pierre Carlet de Chamblain de Marivaux(1688—1763),法国剧作家、小说家。

《汤扎伊与内阿达尔内》的小克雷比庸①。入室可瞻仰头戴爱神木所制冠冕的历代先哲的胸像，如纳瓦尔王后②、莫伊尔斯③、薄伽丘和拉封丹。人们可以在此思考议论马里沃的《玛丽亚娜》、杜克洛④的《阿卡茹与齐尔斐勒》，以及其他数不胜数的轶事。小伙子们在此读书，姑娘们如饥似渴地搜罗萨蒂南祖父⑤的风流韵事。在这里，大家都遵循这样的格言：不可过早装饰自己，开启心智。

八

尽管和讲理论比起来，这里的居民对实践要热衷得多，但他们也承认理论同样不可忽视。在生活中，人们有太多的机会可以愚弄警惕的母亲，欺瞒妒火中烧的丈夫，麻痹疑神疑鬼的情人，所以大可不必早早地就定下许多原则教条。在这方面，鲜花道上的人也是颇值得赞许的。他们笑得很多，恰恰是因为想得很少。这里的生活犹如旋风，风驰电掣地掠过。人们只忙着享受，或者在享受中搅乱他人的生活。

---

① Claude-Prosper Jolyot de Crébillon（1707—1777），法国小说家。
② Marguerite de Navarre（1492—1549），法国国王弗朗索瓦一世的姐姐，波旁王朝首位国王亨利四世的外祖母，女作家和人文主义者，对法国文艺复兴时期的艺术和思想起到过重要的促进作用。
③ Johannes van Meurs（1579—1639），荷兰古典学家、历史学家。
④ Charles Pinot Duclos（1704—1772），法国作家、历史学家。
⑤ 拉图什小说《好家伙修士无行录》中的人物。

九

所有的旅人在这条道路上都是倒退行走的。他们并不关注已经走过的路，只操心如何愉快地完成剩下的旅程。他们中间有些人已经触摸到了兵营驻地的大门，而且向你们宣布他们只是刚刚上路。

十

在这个秉性轻浮的人群里，唯有那些娇媚艳丽的女子显得不同凡俗。她们精于才艺，擅长取悦于情场。有的裙下之客众多，整日以此自夸，恨不得自家的风流韵事尽人皆知；有的同样喜欢让众人欢悦，但需要他们保守秘密。有的可以在千百个情人中周旋自如，若即若离，但只肯对其中一人吐露芳心；有的只把幸福的希望赐予一人，但对旁人也不肯冷若冰霜。所有这些手腕都出自公开的秘密，因为谁要是对漂亮女人们的绯闻轶事一无所知，那也未免太可笑；再说，在社交场上对这些故事添油加醋，本也是司空见惯的事情。

十一

如果有妇之夫也可以入内,那女人们的梳妆室简直就是幽会的最佳地点。成群结队的年轻人聚集在这里寻欢作乐,他们不学无术,言不及义,除了在一堆琐事上显露精明,聪明只用在拈酸吃醋、偷香窃玉上面。他们有时也故作高深,可瞬间就本相毕露,谈起诸般风流的故事来;一会儿,或许是福至心灵,他们又莫名其妙地停止谈论咏叹调,重新转入政治的话题,最终以关于头饰、长袍、中国瓷人、克林施泰特的裸体像、萨克森出产的大碗、布歇涂的木偶、埃贝尔的小饰品,还有朱莉埃特和马尔丹漆的匣子的深刻思考结束。

十二

以上便是那些在鲜花道上闲逛游荡的人的众生相。这些人全都是荆棘道上的逃兵,所以对向导的呼喊,他们充耳不闻,也无所畏惧。然而一年之中也有些日子,几乎无人光顾这充满魔力的花园。那些喜欢在此游乐的人都回到荆棘道上去悔过,然后他们又重返鲜花道,接着再带着悔意离去,如此反复不止。

十三

　　头巾早已让他们厌烦不已，他们花费了生命中许多时光，希望摆脱它，不再受其困扰。这是一种精神操练，他们在练习中短暂地受到启示，但转瞬间就故态重萌。他们的视觉不够强大，经不起艳阳天的刺激，所以只能偷偷摸摸窥视几眼太阳。任何严肃、连贯的东西都和他们的头脑无缘，只要有人提到"体系"这个词，就足以让他们惊慌失措。如果他们还肯接受君王的存在，那无非是因为这并不妨碍他们寻花问柳。那些凡事喜欢讲理、不寻根究底就不肯罢休的哲学家，在他们眼中简直就是无法忍受的动物。有一天我想和泰米尔谈一谈我们高深的思辨，可她一阵头晕，用无精打采的目光看着我说："别再折磨我了，想想你的幸福，再想想怎么让我幸福吧。"我听从了她的话。我发现她十分喜欢普通人，就正如她不喜欢哲学家一样。

十四

　　他们的长袍肮脏不堪，他们也不时洗涤，但只是出于礼仪，敷衍了事。似乎他们的本意倒是让袍子沾满污浊，叫人看不出布料的本色。这样的行为当然不会让君王感到高兴，于是，尽管道路上热闹一时，但在浮华的幻象背后，还是能让人察觉到某种不安的东西：路上本来熙熙攘攘，各条岔路上都住满了居民，但渐渐人丁凋零，终至三不存一，到最后只有我们中间的几个老实人还肯去寻乐。这里固然让人感到惬意，但不可久居，因为这里的一切都让人晕头转向，所有在这里过世的人都死于疯病。

十五

岁月如梭，年华似水，他们如此留恋这条道路，舍不得离开，对此你无须感到任何惊讶。我曾经告诉过你，这里的一切都充满魅力，到处都是一派和蔼可亲、温文尔雅的民风，目光刹那的交接就会种下难舍难分的奇缘。这里每个人几乎都是他人眼中的谦谦君子、方正之士。唯有经验才会揭穿本相，而经验总是姗姗来迟。我告诉你，朋友，在认清真相、懂得不可轻信别人之前，我曾经一百次被世人所欺，只有经历了无数的欺诈、奸狡、忘恩负心和背信弃义之后，我才摆脱了老实人固有的那种以己度人的天真。你在我眼里是如此诚实，而且你大概和我一样淳朴易欺，所以我要给你讲述几桩奇遇，在让你开怀的同时，这些故事会让你懂得世道人情。所以，请你认真地听一听，然后你就能知道该如何评价你的情人、朋友和熟人。

十六

不久前,我在远离这条道路的一处小树林中遇到了廷臣阿革诺耳和年轻的菲蒂姆,他们就在那儿定居。阿革诺耳曾在君王驾前奔走,但他对宫廷生活已是万念俱灰,据他所说,自己已经幡然醒悟,放弃了仕途;此前,他也曾汲汲于富贵功名,但君王专断,权贵不公,他无路可走,终于改弦易辙;一句话,他彻底看清了所谓雄心大业皆属虚妄。至于菲蒂姆,她也厌倦了情场风流,现在只倾心于阿革诺耳一人。他们俩在此隐居,决意不问世事,只经营自己永恒的爱情生活。我听见他们高喊:"我们是多么幸福!还有什么快乐能够和我们的愉悦相比?这里的一切都让我们心满意足,无拘无束。这片充满魅力的福地啊,你给了我们怎样的安宁和纯真!那被我们遗弃的金碧辉煌的宫殿,是否会引起你的蔑视?那镀金的锁链,我们曾在你的囚禁下长久地呻吟,只有当我们不再忍受这样的痛苦时,才意识到你曾经的沉重!还有那闪光的镣铐,我们曾经以佩戴你为荣,可挣脱了你的束缚,才感到此刻是何等的幸福!现在我们摆脱了一切烦忧,终于能在福乐的海洋里畅游!我们的快乐,尽管随手可拾,可也并不因此就少了几分情趣。在这里各种愉悦接踵而至,任何烦忧都不能用它的毒药来玷污它们。那些强加的义务、言不由衷的关切和伪装的尊重,它们再不能纠缠我们。是理性把我们带到了这里,在此我们只与爱情相伴相随……和如今的日子相比，曾经为了莫名其妙的习俗、荒诞不经的趣味而消磨的时光真是恍如隔世！只可惜新生的日子为何没有早点开始，只可惜它们终不能天长地久！不过，为什么要为幸福生活的大限操心呢？且让我们尽情享受眼下的辰光。"

十七

"我的幸福就写在你的眼睛里，"阿革诺耳对菲蒂姆说道，"我永远不会和我亲爱的菲蒂姆分开，我以这双眼睛的名义起誓。幸福的孤独啊，你收住了我的心，锁住了我的一切欲望。我和菲蒂姆同寝的花床啊，你是爱情的御座，就算帝王的御座也不能像你一样带来幸福。"

十八

"亲爱的阿革诺耳，"菲蒂姆回答他说，"再也没有什么能像占有你的心一样让我激动。在所有的廷臣里，只有你才知道怎样让我快乐，能够消除我对隐居生活的抵触。我看到了你的热情、忠诚，和你不离不弃、始终如一的品格；我放弃了一切，却觉得自己毫无所失。温柔的阿革诺耳，我亲爱的、尊贵的朋友，世间有你足矣，我愿与你生死相随。哪怕这孤寂生活的可怖不下于它的可爱，哪怕这迷人的花园尽化为沙漠，菲蒂姆也将能在此见到你，你的菲蒂姆也将是幸福的。但愿我的温情、忠诚和内心，还有我们相爱的快乐，能够弥补你为我付出的牺牲。可惜！这样的快乐终将逝去！……在失去它的那一刻，我至少还能有你最温柔的慰藉，那就是感到你的手合上我的双眼，让我在你的怀抱里停止呼吸。"

十九

"我的朋友，你觉得结局会是什么样呢？"阿革诺耳在菲蒂姆的怀抱里感受到最温柔的激情，然后就离开了她。他只想离去一小会儿，很快就会回到菲蒂姆躺着的这张花床边。然而，一辆轻便的驿站马车早已等着他，快如闪电地把他送进了宫廷。长久以来，他在宫中一直谋求一个重要的职位。他本人的权势影响、种种计谋、家族的运作、献给各位重臣及其情妇的丰厚礼品，还有一直想把他从菲蒂姆身边夺走的几个女人施展的伎俩，最终让他如愿以偿。就在向情人吐出我刚刚向你叙述的那番甜言蜜语之前，他已经收到一封信件，向他通报了成功的讯息。

二十

阿革诺耳离去了。这时，一位一直在窥视觊觎、只等他走开的情敌,走出藏身的树丛,代替他占有了菲蒂姆的怀抱。这位新人原本也有自己的情人,就如阿革诺耳一样,他也曾身处别样的温柔乡里,如今,也有新人代替了他。

二十一

这下你知道什么是爱情的真相了;至于友情的故事,你可以听一听,然后再来判断它是否真诚。

二十二

贝莉丝是加里斯特的密友,她们俩都年轻、未婚,受到众多情人的爱慕,天性喜欢社交。她们经常出席舞会,结伴参加聚会,一起散步、看戏,形影不离。遇到在意的事情,她们总是相互咨询对方的意见。贝莉丝不会购买任何衣料服饰,除非得到加里斯特的赞成;加里斯特如果没有贝莉丝的陪伴,也不会光顾她青睐的首饰店。怎么说呢?牌戏也好,聚会也好,夜宴也好,简直没有任何事情不是她们一起分享的。

二十三

同样,克里同是阿勒西普的朋友,他们的友谊也可谓那种生死之交。他们有同样的趣味，同样的才能，同样的嗜好。他们合伙做生意，银钱往来不分彼此，好像一切都注定是要加强、巩固他们的关系。克里同已经娶妻，阿勒西普仍旧是单身。

二十四

贝莉丝和克里同是老相识。一次，克里同上门拜访，他们谈起了友谊的话题。他们一起倾吐感情，分丝析缕地解剖，向对方印证自己是性情中人，对爱人体贴入微。贝莉丝说道："如果确信自己不缺友情，并且由于富有同情心，对感动他人的事物也一律怀有强烈、动人的兴趣，因此也确信自己还配得上享有一些真正的友谊，那该是多么美妙的一桩快事！可是人们经常需要付出良多才能获得这种快乐。至于我，我觉得拥有一颗像我这样的真心是何其不易，这要承担多少忐忑和忧虑，要分担多少他人的喜怒哀乐啊！情之所至，往往是身不由己……"

二十五

"啊，夫人！"克里同回答说，"难道你会因为自己拥有高尚的灵魂而感到不快吗？如果我可以重复自己的老话，我会告诉你，就像你一样，我根本不可能逃避自己对朋友们的一片真情。也许你会觉得奇怪，可是，如果因为朋友们喜欢的事的缘故，我的灵魂被撕裂，那我一定会感到甜蜜的。在我们朋友之间，如果在某些场合迟迟不能体会别人的感受，无动于衷，那一定是对他们的极大冒犯，难道不是这样吗？"

二十六

这时贝莉丝打断了他："我没有想到，这个世界上竟然到处是黑心肠，到处是阴险狡诈、唯利是图、背信弃义的人，他们偏偏还要装出一副正直友善的诱人外表。我的心伤透了，看见这么多事情在我眼皮下发生，简直要让我怀疑自己最好的朋友。"

二十七

克里同又说："我绝不会像这样走极端，和触犯一个朋友相比，我倒宁愿自己上当受骗。不过为什么非要陷入这样的两难选择呢？为了同时避免这两种结果，我会好好研究世道人情，在洞悉人心之前，绝不会轻信别人，特别是对那些阿谀奉承之辈，我会特别提防他们，这些人总是滥用人与人之间的善意，貌似和蔼可亲，其实恰恰贬低了友情。他们到处钻营，想结交你，可其实对你一无所知，只知道你家境优裕，乐善好施，雇着好厨子，还有可爱的情人，以及年轻漂亮的妻子或者女儿……还有人四处作恶，为了引诱有夫之妇，想方设法混进别人家里，还有什么比这更丑恶的事呢？我倒不是说做人都得作古正经，全无心肝，毕竟人活在世上，不能过于单调，不能没有一点乐趣，可觊觎朋友的妻子，这就是恶行，是十足的堕落。找点乐子算不上什么大事，可以原谅，但过了头就是见不得人的勾当，没有比这更卑鄙的了。"

二十八

"请原谅，"贝莉丝说道，"我觉得勾引有夫之妇并不是独一无二的恶行。还有一桩让我深恶痛绝的罪过，只有天良丧尽、不知羞耻的人才干得出来。有些女人，从自己的密友那里夺过她们的情人，据为己有。这是多么恶毒的行径啊，只有全无人性、毫无廉耻的人才会做这样的事，而我们身边就有……"

二十九

克里同插嘴说道："那么，夫人，你自然知道怎么跟这些无耻之徒打交道的。"

三十

"当然,我很清楚,"贝莉丝说,"我们观其行,听其言,待之以礼,但不必把他们放在心上。"

三十一

"说到我嘛,夫人,"克里同又说,"我觉得,这个世道还不至于全然像你说的那么寡廉鲜耻。在那些把美德作为根本、民风淳厚的地方,小人就没有多少容身之地。当然即便在这样的地方,也不能完全杜绝有小人作怪。"

三十二

"我同意你的话,"贝莉丝回答说,"我想,在这里我们应该遇不到这种小人。看来,我们的意见是一致的。"

三十三

克里同又接着说:"自从蒙你引介,让我参加你的团体以来,我感受到许多善意,特别是来自你的鼓励,在我眼里,这些美好的感情都是出于对正直良善的不可动摇的坚持。我的感情是很理性的。我遵照原则去做事，因为我所看重的正是这些原则，它们是不可或缺的。如果有谁缺乏这样的原则，我会认为他们配不上'正义'二字，坚守正义也超出了他们的能力。"

三十四

"这就是我们所说的思想啊，"贝莉丝接着说，"拥有像你这样的朋友是多么难得，如果我们有幸遇到，就该好好珍惜。我想告诉你的是，你的主张倒不会让我吃惊，我只是为我们能够彼此理解、心心相印而高兴。如果不是因为我了解美德不会因为传播而损耗流逝，那我简直要嫉妒你的人品了；还好，在像我们这样美好的谈话里，一个人的私德会扩展为众人之大善。"

三十五

克里同对此回应说："坦诚纯真的交流能让高贵的灵魂相互成就。友谊正是为这样的灵魂而存在的，而它的美好之处，也恰恰蕴含在这样的交流之中。"

三十六

我很想知道你怎么看那些人。不过我发现,阿革诺耳和菲蒂姆的爱情故事让你产生了警惕之心。你不信任那些大道理,这是对的。鼓起勇气来,我的朋友,即便我不能让你开心展颜,但至少我看到你从这些事情里学到了很多东西。

三十七

克里同刚刚离开贝莉丝,达密就来了。这是一个富有的青年,长相温和亲切,是加里斯特的未婚夫。他对贝莉丝说:"你知道的,就在这两天,可爱的加里斯特就会让我得到幸福了。一切都安排妥当了,只是我还定不下来该送她什么礼物。你和她相熟,能不能劳你的驾,陪我去一趟拉弗雷奈伊商店呢?我的马车就在院子里等着。"

三十八

"我很愿意。"贝莉丝回答他说。他们上了马车,在路上,贝莉丝首先赞美加里斯特说:"啊,要是你像我一样了解她就好了!她简直是世间最妙不可言的小精灵,她就是完美的,要是……""要是她性情不是那么急躁的话。"达密听到这里插话说。"倒也不是过分急躁,不过话说回来,谁没有自己的缺点呢?再说一遍,她是最可爱的,就算她喜怒无常,动不动就发脾气,但这十多年来,我依然是她的朋友。我对她总是很耐心细致的,看到她冒冒失失,经常吃亏受骗,我也想纠正她的性情。"

三十九

"经常吃亏受骗?这是怎么回事呢?"达密一听,很急切地问道。"唉!这种性情可不招人待见,"贝莉丝回答说,"倒是让小混混们瞅见了更多可钻的空子……"

四十

"你说什么?"达密已经被嫉妒的阴云搞得心绪不宁,"有更多空子可钻?这么说加里斯特是在我面前装扮出一副天真无邪的模样吗?"

四十一

"我可没有这么说,"贝莉丝回答道,"但是,别把我的话太当真,你得自己去看、去了解。投入生活可是一件大事,值得好好思考。"

四十二

"夫人,"达密又说,"假如我真的配得上你的善意,那么我请求你,不要让我对那些关系我幸福的大事都一无所知。加里斯特真的忘乎所以,行事如此随便吗?"

四十三

"我并没有这么讲,"贝莉丝回答他说,"不过人们的确对此议论纷纷,你居然被蒙在鼓里,我倒是很惊讶……"她用漫不经心的口气接着说,"起初的山盟海誓的确动听,不过世上的理智也好,性情也好,就算加在一起,也起不到婚姻才有的作用,因为我们得承认,加里斯特并不缺少理智和性情。"

四十四

谈话间他们到了拉弗雷奈伊商店。贝莉丝选了一些宝石,达密也不想讲价,爽快地付了款。此刻他满脑子都是别的心思,由于疑心大起,加里斯特的形象不知不觉在他心头变了个模样。"这里一定有什么见不得人的事情,"他忍不住对自己说,"既然连她最好的朋友都不能保持沉默。"要是他足够谨慎,本该再深思熟虑一番,可但凡人心头烧着妒火,又怎能倾听谨慎的建议?他们一回到马车上,贝莉丝就开始挑逗达密,撩拨他的各种欲望,直截了当地诽谤加里斯特,又毫无顾忌地引诱他,让他晕头转向,从他那里得到了许多她起初故作排斥的誓言,还让达密一再恳求她,要她接受那些本该送给加里斯特的礼物。最后,她成了加里斯特的情人的妻子。

四十五

就在这桩背信弃义的恶行发生的时候,老实人克里同正好得知阿勒西普一个人去了乡下,于是他就赶到朋友家里,在他的妻子的怀里过了两三夜。又过了一天,当阿勒西普回家时,他们两人又一起去迎接他,还对他加倍地体贴亲近。我们当中的好朋友就是这样。

四十六

我曾经许诺过,要让你明白为了维系我们所谓的友谊需要付出怎样的代价,对你我会说话算数的。

四十七

有一天，我和厄洛斯在一起。你认识他，你也知道，为了得到一个普通宫廷侍从的职位，他投入了多少心思和金钱，经过了多少奔走和求告，可惜到头来只是一场空。你也知道，为了达到目的，他要敲多少权贵的门，得许诺庇护多少人，又要争取多少人的庇护啊。不过你或许不知道别人在他耳边说了些什么。你可以听一听这些事，并且也评价一下鲜花道上的居民。

四十八

厄洛斯和我一起散步，他正在和我讲他的经历，就遇见纳尔塞斯迎面走来。从他们见面的亲热劲儿来看，两个人之间的关系非同一般。在一番寒暄之后，纳尔塞斯对厄洛斯说："老兄，你的事情进展到哪一步了？""大局已定了，"厄洛斯回答道，"我一切顺利，明天我就打算领取特许证。""那我真是太高兴了，"纳尔塞斯说，"你真是了不起，悄无声息地就实现了自己的计划。我听说你得到了大臣的支持，维多利亚公爵夫人也为你讲了话。不过不瞒你说，我一直觉得你会失败。我想请教，面对这么多困难，到底你是如何摆脱困境的呢？"

四十九

"情况是这样的,"厄洛斯坦率地回答说,"我一直觉得,当年我父亲曾长期担任的职务,理应由我继承。这个职务落到外人手里,不过是因为先父离世时我年纪还小罢了。为此我恳求过,等待过时机,而老天爷也有几次真的开了眼。我成功地驱使大臣的贴身仆人为我效劳,使我能在他的主子面前说上话。我竭力奉承大臣,事情颇有进展,可终究还没有得到什么实惠。就在这时梅奥斯特里死了,对他的遗缺,众人趋之若鹜,我也加入了竞争的行列。我来回奔走,遇到了一个外省人,此人是君王的奶妈的贴身女仆的堂侄,经过一番运作,我接触到了奶妈,她答应帮我说话,可事实上她已经帮了另外一个人。后来我又傍上了小若孔德,我早就听说她是大臣的人。我跑到她府上,可去得太晚了,指定遗缺的权力已经落到了另外一个人手里,那是一个名叫阿斯特里的舞女。我告诉自己,原来这才是真正该烧香的庙门。这条门路是刚刚开辟出来的,对这位小演员,大臣是有求必应,找她准没错。"

五十

"这个计划听上去很有道理,"纳尔塞斯说道,"那么究竟结果如何呢?"

五十一

"我期待一切好的结果,"厄洛斯说,"有个支持我的贵人出面找到阿斯特里,提出给她两百路易的献金,可她要四百,贵人答应了,于是她答应为我说话。兄弟,这就是目前我的境遇。"

五十二

"啊!"纳尔塞斯回答说,"这个职位是你的了,请允许我拥抱你,贴身侍从先生。你一定会担此大任,除非还有人比你出更高的价。"

五十三

"出意外是不可能的,"厄洛斯说,"我只对你一个人讲过此间的内情,我知道你是个谨慎的人……""你可以信赖我的谨慎,"纳尔塞斯说,"不过我也请你以同样的谨慎对待我。如果你相信我,你会更安全的。很多事情,我们并不知道该向谁吐露心声,说起来好像人人都是朋友,可是……你明白我的意思……再见了,我答应过那位美丽的侯爵夫人,要到她的府上去打牌，你知道我说的是谁，现在我得走了。"

五十四

纳尔塞斯向我们作别后就匆匆离去。他关于人与人应该以诚相待的意见是对的。可惜，要是这番话出自一个至诚君子之口，厄洛斯能够和纳尔塞斯共同奉行就好了。不幸纳尔塞斯却是一个叛徒，他径直来到那位交际花家里，奉上六百路易的献金，压倒厄洛斯，取得了这个职位。

五十五

这就是鲜花道上的各种奇闻和罪过，它们成了供人消遣的谈资。我们可以随意进出这条道路，在此散步大可抵御林荫下的寒风。

五十六

一天傍晚，我正在此地漫步以消遣闲暇，看见几个妇人隔着脸上的轻纱，斜眼盯着我。她们姿容美丽，但在我眼中并没有可爱的气质。我特别注意到一个棕发女子暗中用一双黑色的大眼睛与我正视。于是我对她说："此地正为幽会而设，和像你一样的美人在一起,怎可虚度时光呢?""先生,"她正色回答我说,"劳驾你离我远一点,我的良心不允许我听你说这些放荡猥亵的话。君主注视着我,我的向导监督着我。我要维护自己的名誉,我也畏惧我未来的结局,还要留意不可玷污我的长袍,所以请你走开,要不就请你不要再出言不逊。"

五十七

"可是夫人,"我回答她说,"既然你有这样的道德顾忌,那么为什么还要离开荆棘道呢?这未免太奇怪了。我可否冒昧请教,你为什么到这条路上来?"她微微一笑,回答我:"我来这里就是为了教化和改变,尽可能改变像你这样的恶人。"这时她发现有人向她走来,于是她立刻改换成一副谦逊、严肃的神情,垂下目光。随后她不再言语,对我行了一个深深的屈膝礼,转身离去,把我留在一群年轻的、疯狂的女人当中,她们毫无顾忌地放声大笑,对所有经过的路人都出言挑逗,向他们抛去媚眼。

五十八

在这群女人中间,我感觉自己上当受骗了。我跟着她们走,她们总是给我一些希望。其中一位对我说:"你看见那棵树了吗？当我们走到那里的时候……"与此同时，她又把另一棵树指给一位被她从远方带来的青年。等我们走到她指给我的那棵树时，她又指给我第二棵、第三棵树……最后是一片小树林，她们对我夸耀它的美妙，可接下来，又有另一片据说风景更加宜人的树林。我暗自对自己说："从一棵树到另一棵树，从一片树林到另一片树林，我可能会跟着这群疯女人一直走到那座军营，受尽困苦，到头来还是会一无所得。"想到这里，我立刻离开了她们，转向一位年轻美丽，看上去不那么刻板、反而颇有魅力的女子。这是一位金发女郎，像她这样的类型，正是哲学家避之不及的。她身材纤细轻盈又不失丰腴。我平生从没有见过比她更生动的神情，更活泼诱人的肤色，更美丽的肌肤。她发式简单，头戴一顶玫瑰色的带内衬的草帽，闪亮的眼神里全透着热切的欲望。她的言谈里体现出优雅的才智，她喜欢论理，而且逻辑谨严。我们刚一找到共同的话题，就开始谈论快乐：在这个地方，快乐是一个取之不尽的素材，一个人人关注的论题。

五十九

我首先严肃地表明，对我们来说，快乐是被君王严厉禁止的，而自然也规定了快乐的边界。"我不认识你的君王，"她对我说，"可假如真像人们宣扬的一样，有一位创造、主宰了一切存在者的仁慈睿智的君王，难道他让我们拥有这样多愉悦的感知，仅仅就是为了增添我们的烦恼？据说这位君王做任何事情都是有意图的，我们的需要以及随之而来的欲望如果不能得到满足，那它们存在的目的又是什么呢？"

六十

我想回应她的质问，说出的话却显得很软弱：在我看来，君王派来了许多捣乱的魔法师，我们得向他们开战，这样君王将来才好奖赏我们。对此她回击说："在天平的一边是带给我享受的现在，另一边是你对我许诺的不确定的未来，你说，到底哪个更有分量呢？"听到这句话我犹豫起来，她看出了我的尴尬，便继续说道："你大概建议我忍受眼下的不幸，等待那或许永远不会到来的幸福。可是，你希望我为之献身的那些律法，究竟是不是出于理性的授意呢？事实当然不是这样，它们不过是一堆含混不清、光怪陆离的说法，专门扰乱我的习性，让创造了我的那位主宰者陷入自相矛盾的境地……"她稍微停顿了一会儿，又接着说："人们把我束缚起来，不由分说地要我只屈从那一个人。在这场对峙中，我让那个人认输求饶也是徒劳。他承认自己的弱点，却不改自命不凡的野心；他同样也承认失败，但不肯接受任何援助，哪怕能就此确保他的胜利。当他筋疲力尽、无计可施时，他会做什么呢？会拿偏见当作武器来对付我，不过这倒是另一个对手，我必须……"话说到此她忽然停住了，向我投来热切的目光；我向她伸出手去，带她来到一座凉棚，在这个地方，我让她理清了她真正意欲表达，而此前却恰恰未曾想到过的道理。

六十一

我们在凉棚里无人打扰，以为可以乐享悠闲，正在此时，透过树丛，我们看见了几个道貌岸然的女人，她们正注视着我们，旁边还有两三个向导陪同。我的漂亮朋友一下红了脸。"你害怕什么呢？"我低声对她说，"这些圣徒就和你一样，懂得在自己的习性面前，固有的偏见需要让位。她们在内心深处并不会恼怒你伤风败俗，反而会嫉妒你的快乐。当然，我也不能向你保证，对那些做得不比她们差的人，她们一定不会去烦扰人家。但是我们只需要拿揭穿她们同游者的面目来威胁，我相信她们会懂得分寸、谨言慎行。"塞菲丝赞同我的机智，笑了起来；我吻了吻她的手，我们就此作别，她离开去追寻新的欢乐，而我留在树荫下陷入了沉思。

论天才

王斯秧/译

在诗人、哲学家、画家、演说家、音乐家这些具有天分的人身上，有种我说不出的独特、隐秘、难以定义的心灵特质，缺少这一点就无法成就伟大、优美的作品。是想象力吗？不是。我见过具有美妙、丰富想象力的人，看起来前途广阔，最终却一无成果或成果很少。是判断力吗？不是。判断精准的人却写出松散无力又冰冷的作品，这种情况再常见不过。是风趣吗？不是。风趣的人言辞漂亮，下手却平平。是热情、机灵甚至狂热吗？不是，热切的人忙忙碌碌，成果却毫无价值。是敏感吗？不是。我见过动辄被深深感动的人，一听到崇高的故事就不能自已，激动、迷醉、癫狂；一听见动人的词句，就要落泪；可是他们无论是说话还是写作，都像孩子一样含糊不清。是品味吗？品味更大的作用是掩盖缺陷，而不是创造美。品味多多少少可以习得，而不是天赋。是头脑和脏腑的某种构造、内分泌的某种结构吗？我同意，不过前提是要承认，我也好、其他人也好，都不知道它确切的概念，此外还要加上观察力。我说的观察力，并不是指日常生活中窥探言谈、行为与神色的小动作，女人最擅长此道，比最聪明的头脑、最高尚的心灵、最强大的天才都更高明。这种雕虫小技，我更愿把它比作让小米穿过针眼的技巧。这是一种可怜委琐的日常研究，全部的用途不过是家庭琐事，只能让人耍奸弄滑，仆人欺骗主人，主人欺骗更高一层的主人。我所说的观察力，无需费力、无需专心致志就能发挥作用，不必刻意观察，却能一目了然；不必刻意学习，却能无师自通、日益精进；它不保留任何现象，但现象一一触动过它；现象给它留下的，是其他人所不具备的一种感觉。它是一台稀有的仪器，它说，这个行得通……果然行得通，那个行不通……果然行不通，这个对、那个错……果然如此。事无巨细，它都显现出来。这种预见性在各种生活境况中不尽相同，每种境况都有自己的预见性。它并不能确保永远不失败，但它所引起的失败从不会遭人鄙视，而在失败之前，它总会疑惑不定。有才能的人知道他在冒险，而且他无需计算成败的几率就已知道结果，因为计算早已在他脑中。

《布干维尔游记》补遗[*]

或 A 与 B 的对话

论不应将道德意义加于某些单纯的身体行为

王斯秧/译

* Louis Antoine de Bougainville（1729—1814），法国海军军官，是法国第一位完成环球航行的探险家。记述其远航的《布干维尔游记》于一七七一年出版，引起轰动。狄德罗为游记写了一篇书评，并于次年创作《布干维尔游记〉补遗》，但直至一七九六年才出版。本文根据安德烈·比利所编《狄德罗文集》（Diderot, *Œuvre*, Editions Gallimard, 1951）译出。

啊！自然的意见与这些原则截然相反，比它们高明太多。自然本身包罗万象，只要你细思明辨，不要混淆我们该躲避的和我们该寻求的。你咎由自取，或是外物所迫，你以为没有区别吗？

贺拉斯，《讽刺诗》，第一部，第二首，第七十三行诗及后段

一

对《布干维尔游记》的评价

A：我们昨晚回来，看到满天繁星，以为今天是个好天，老天却变卦。

B：您怎么知道？

A：雾那么重，我们连周围的树都看不清。

B：没错。不过雾是因为水汽足够才留在大气下部，如果它落到地上呢？

A：不过，如果它穿过大气空隙上升，达到空气更为稀薄的大气上部，就像化学家说的那样，变得不那么饱和呢？

B：得等等看。

A：等的时候，您做什么呢？

B：看书。

A：还是在看《布干维尔游记》吗？

B：还在看。

A：我真不明白这个人。他年轻时研习数学，过的应该是深居简出的生活；谁知他从深思隐退的状态，转眼成为辛劳好动、漂游四海的旅行家。

B：完全不是。船不过是漂移的居所，穿越汪洋大海的船员静静地挤在狭窄的船舱里，您这样想，就会知道他只是在一块船板上环游世界，就像我们两个人在您的地板上游历世界。

A：另一个奇特之处，是这个人的性格与他的行动相互矛盾。布干维尔喜爱社交享乐，喜爱女人、演出、佳肴美馔；他乐于投身于社会的漩涡之中，也同样乐于在船板上颠簸、经历无常。他亲切开朗，是个不折不扣的法国人，既写过微分学和积分学的论文，又写过环游世界的游记。

B：他和其他人并无二致：专心钻研之后散漫悠游，悠游散漫之后又专心钻研。

A：您怎么看他的游历？

B：从我粗浅的阅读当中，我认为他的游历有三个最主要的好处：更好地认识我们长久的居所及其居民；更准确地认识他手持测深器漫游的各大海洋，更精确地绘制地图。布干维尔此行，已经具备足够的知识和适合的品质：兼具智识与勇气、实事求是；敏于观察，一眼就能捕捉事物本质；谨慎有耐心；渴望见识新事物、理解问题、获得知识；熟知算术、机械原理、几何与天文学，还有足够的博物学常识。

A：他的风格呢？

B：自然不做作；如实描绘事物，简单清晰，而且他熟知航海术语。

A：他的航程很长吗？

B：我在地图上画出来了。您看到这条红色虚线了吗？

A：他从南特出发的？

B：一直到麦哲伦海峡，进入太平洋，在菲律宾和新荷兰①之间星罗棋布的岛屿间穿行，途经马达加斯加、好望角，继续行至大西洋，沿非洲海岸前行，回到起点。

A：他一路受了不少苦吧？

B：每一个航海者都会接受，也愿意接受风雨雷电、大陆海洋的考验。可是在海天之间漂泊整整数月，生死未卜，经历风暴的打击、沉没、病痛、缺粮少水的危险之后，却遇上另一桩不幸：船裂了、沉了，疲惫不堪，向一个铁石心肠的恶棍低头求助，这人却不给他最急需的救援，或是无情推脱，那才真

---

① 十六世纪中期开始欧洲人对澳大利亚的称呼，最初由荷兰航海家亚伯·塔斯曼于一六四四年提出，一直沿用一百五十余年，直至十九世纪初期才正式更名为澳大利亚。

叫难！①

　　A：可说是罪恶，应该重罚。

　　B：远征者可没料到这样的灾难。

　　A：自然想不到。我本来以为欧洲强国派去统治海外领地的指挥官都是正直、善良、满怀人道主义、有同情心的人……

　　B：这正是他们忧心之处！

　　A：布干维尔远征途中碰上了很多稀奇事。

　　B：很多。

　　A：他不是说了野生动物往人面前跑、鸟栖落在人身上，因为它们不知道跟人亲近是危险的事？

　　B：这些事早已有人说过。

　　A：有些动物生活在与世隔绝的海岛上，与其他陆地隔着海洋，他是怎样解释的？是谁把狼、狐、狗、鹿、蛇放到岛上去的？

　　B：他什么都不解释，他只是确认事实。

　　A：那您怎么解释？

　　B：谁知道我们星球最初的历史？现在有多少相互隔离的陆地，从前是相连的？我们唯一能推测的现象，就是分隔陆地

---

① 德罗兹出版社一九三五年版编者吉尔贝·希纳尔认为此处影射里约热内卢总督、阿库那公爵极不友好的接待，不过当时葡萄牙正与法国盟友西班牙交恶。加尼埃出版社一九六四年版编者保罗·韦尼埃尔认为此处更有可能是指布干维尔在马鲁古群岛寻求补给遭遇困难，因为当时的占领者荷兰人害怕布干维尔偷香料。

的水流的方向。

A：怎么推测？

B：通过陆地分割的大致形状。如果您愿意，哪天我们可以研究一下，权当消遣。不过现在，您看到这座叫"长矛轻骑兵"的岛[①]了吗？看到它在地球上的位置，人人都会想：是谁把人类放到那里的？他们以前和其他人有怎样的联系？在这样一个方圆不过两古里[②]的地方生息繁衍，他们变成什么样了？

A：他们互相杀戮，把同类吃掉。这大概就是那种起源于岛民的吃人风俗最古老、最自然的起点。

B：或是岛上的生殖繁衍遵从某种迷信的规则，胎儿在母亲腹中被女祭司踩死。

A：或是男人被祭祀割喉死掉；或是对男人实施阉割⋯⋯

B：或是锁住女人的阴部。由此衍生出一套习俗，残忍又古怪，最初的起因早已消失在时间深处，害得哲学家们想破脑袋。一种比较常见的情况，就是超自然的、迷信的规则不断强化，经过长期的演变，转变成民法与国家法律而得以稳固；而各种社会制度和国家制度被神圣化，退化成超自然的、迷信的告诫。

[①] Iledes Lanciers，今阿基阿基岛，南太平洋法属波利尼西亚的一个珊瑚岛，属于土阿莫土群岛。布干维尔于一七六八年首次发现该岛，命名为"长矛轻骑兵岛"。
[②] 法国古代长度单位，约合4公里。

A：这真是一种最可怕的轮回。

B：捆人的锁链又加一道。

A：巴拉圭驱逐耶稣会会士时①，他在那儿吧？

B：是的。

A：他怎么说？

B：他有所保留，但足以让我们了解，那些身披黑袍的残忍的斯巴达人怎样对待他们的印第安奴隶，就像拉栖第梦②人对待希洛人③一样：逼迫他们艰苦地劳作，吸取他们的血汗，不给他们半分财产；用迷信来愚弄他们，要求他们绝对服从；手持鞭子从他们中间走过，不论男女老幼，无一放过。经过一个多世纪的发展，要把他们驱逐出去极为困难；这些会士已经慢慢撼动了统治者的权威，他们和统治者之间长期战争的原因也不复存在。

A：那些巴塔哥尼亚人呢？马蒂博士和拉孔达明院士曾把他们引为奇谈。

B：他们都是些普通人，一边迎上来拥抱你一边喊着"嘎

---

① 一五八五年，耶稣会会士进入巴拉圭东南部，逐渐建立起了多个归化区。大批瓜拉尼印第安人迁移到归化区内，以天主教修行活动为纲，形成了封闭孤立、自给自足的社会。一七六七年，西班牙将巴拉圭转让给葡萄牙，葡萄牙将耶稣会会士驱逐出境。驱逐耶稣会会士时，布干维尔正在布宜诺斯艾利斯，他对耶稣会殖民经历持矛盾的态度，有时说印第安人变成了"温和、开化、谨遵基督教教规的民族"，有时又说"他们极为顺从，不仅听任鞭笞，而且还因为思想不端而自己寻求惩罚"。
② Lacedaemon，古希腊城市，即斯巴达。
③ Helots，古斯巴达农奴，其身为国有。

哇"，强壮有力，但身高都不过五尺五六寸①，他们身上庞大的部分，只有身体肥胖、头部硕大、四肢粗壮。

人天生喜欢猎奇，喜欢夸大其辞，当他们需要证明自己路线正确、证明自己远涉重洋的辛苦有所值，怎么还会实实在在地描绘事物？

A：那些野蛮人呢？他是怎么看的？

B：他觉得野蛮人之所以有时性格残忍，似乎是由于要日复一日防御野兽侵袭造成的。在休息安稳、性命无忧时，他们性情温和、人畜无害。人想要占有同一件物品时，就会爆发战争。当两拨文明人的意图是一样的，都想占领一块他们各据一头的领地，这块领地便会引发他们的争端。

A：老虎和野蛮人的意图一样，想占据一片森林；这就是最原始的意图，最古老的战争爆发的原因⋯⋯你见过布干维尔带到船上、运回本国的那个塔希提人吗？

B：见过，他叫阿图鲁。他见到第一块陆地，就以为那是远征者的国家。要不就是有人骗他，说旅程不长，要不就是他自然而然地以为他所居住的海边到海天相接的地方并不远，不知道地球真正的大小。共妻的风俗在他心里已经那样根深蒂固，他第一次见到一个欧洲女人就扑了上去，真心实意准备行

---

① 此处均指法国古尺寸，1 法尺约合 325 毫米，1 法寸等于 1/12 法尺，约合 27.07 毫米。算来巴塔哥尼亚人身高约在 1.76 至 1.79 米之间。马蒂博士和拉孔达明院士曾对火地岛上的巴塔哥尼亚人有过报道，说他身材高大。

塔希提礼。他在我们这里很苦闷。塔希提语里 b、c、d、f、g、q、y、f、z 都没有，我们的语言里新鲜奇怪的发音太多，他的发音器官僵硬，怎么都学不会。他想念他的国家，不停地叹息，我一点也不奇怪。只有布干维尔这一部游记，让我向往祖国之外的土地。读到它之前，我一直以为哪里都比不上自己的家；我以为每个人都这么想，这是对乡土天然的眷恋，是对我们所享受的各种便利的眷恋，这些便利在别处不一定能找到。

A：什么？你以为巴黎人不相信博斯的田里和罗马的乡村一样长着麦穗？

B：确实如此。布干维尔把阿图鲁送回去了，给他出了路费，确保他平安返回。

A：噢，阿图鲁！你见到父母、兄弟姐妹、情人同胞，该多么高兴！你会怎么向他们说起我们？

B：很少，而且他们也不会相信。

A：为什么很少呢？

B：因为他注意到的事物很少，就算他有印象的事物，在他们的语言里也找不到对应的词。

A：那他们为什么不相信呢？

B：因为他们把自己的习俗和我们的习俗一比较，宁愿相信阿图鲁在撒谎，也不相信会有我们这么疯狂的人。

A：真的吗？

B：我深信不疑：野蛮人的生活那么简单，我们的社会却是那么复杂的机器！塔希提人接近世界的起源，欧洲人却在世界的晚年。他和我们之间的距离，比新生儿和垂老之人之间的距离还要大。他毫不理解我们的风俗、我们的法律，或者他处处看到的是各种伪装之下的镣铐；在他身上，自由是最深沉的感情，我们的镣铐只能激起这样一个人的愤怒和轻蔑。

A：您真的对布干维尔的寓言信以为真？

B：这根本不是一个寓言。如果您读过《〈布干维尔游记〉补遗》，就丝毫不会怀疑他说的是大实话。

A：在哪里能找到这本游记补遗？

B：这儿，就在桌上。

A：您能不能借给我看看？

B：不能。不过如果您愿意，我们现在可以一起看。

A：当然，我很愿意。现在雾散了，蓝天开始露出来。看来我在您面前注定事事落败，我必须很大度，才能原谅您处处比我高明。

B：给您，给您，读吧。序言毫无意义，可以跳过。直接读岛上一位部落首领向远征者告别这一段吧，您就知道这些人口才有多好了。

A：布干维尔是怎么听懂这段告别的？他不懂他们的语言。

B：您读完就知道了。说话的是一个老人。

二

老人的告别

  他是一个大家族的父亲。对欧洲人的到来,他只投去轻蔑的目光,既不惊讶,也不害怕,也不好奇。他们走近他,他转过身,走进自己的茅屋。他的沉默和忧虑暴露了他的想法:他在心里为自己家园美好日子的远去而担忧。布干维尔离开那天,岛上居民成群地聚集在岸边,拉着他的衣服,跟他的同伴们拥抱作别,流泪不舍。这位老人面色冷峻地走过来,说道:

  "哭吧,可怜的塔希提人!尽管哭吧,不过你们要哭的不是他们离开,而是他们到来,这些野心勃勃的坏人。总有一天,你们会真正了解他们。总有一天,他们会再回来,一手拿着这个人现在挂在腰带上的木块①，一手举着那个人现在挂在腰间的剑，把你们绑起来，杀死你们，或是让你们服从他们的疯狂或恶习。总有一天，你们会臣服于他们，像他们一样堕落、卑鄙、悲惨。不过我心中宽慰，因为我这辈子快到头了，这些灾难我是看不到了。噢，塔希提人！我的朋友们！你们有办法摆脱可怕的未来；不过我宁愿死也不愿给你们建议。让他们走吧，让他们活着。"

然后，他对布干维尔说："你，强盗首领，赶快让你的船离开我们的海岸。我们这里的人淳朴、幸福，你只会破坏我们的幸福。我们听从最纯粹的自然本能，你却想要从我们的心里抹去自然的特性。在这里，我们分享所有的东西，你却向我们宣扬要区分什么你的、我的。我们的女儿和妻子都是共用的，你也分享了我们的特权，可你在她们身上燃起了未曾体验的狂热。她们在你怀里变得疯狂，你在她们怀里却变得残酷。她们开始互相憎恨，你们为她们互相厮杀；她们回到我们身边，身上沾染了你们的血。我们生来自由，你却在我们的土地埋下了让我们将来作为奴隶的身份。你不是神，也不是魔鬼，那你是谁？为什么要让自由人变成奴隶？奥鲁！你能听懂这些人的话，把你跟我说过的话告诉我们所有人，他们在这块金属牌上写的字：'此地属于我们。'此地属于你们！为什么？就因为你

---

① 指牧师的十字架。

们踏足过这里？如果哪个塔希提人乘船到了你们的国家，在你们的一块石头或一节树干上刻上"此地属于塔希提人"，你会怎么想？你们比我们强！那又怎么样？你们的房子里塞满了一文不值的小玩意，如果有人偷了一个，你会喊叫、报复；与此同时，你在心里却在谋划偷窃一整个国家！你不是奴隶，你宁愿死也不愿意为奴，却想把我们变成奴隶！你以为塔希提人就不会为自由拼死而战吗？你想征服的野蛮人，塔希提人，是你的兄弟。你们是自然的两个孩子，他无权支配你，你有什么权利压迫他？你来了，我们攻击你了吗？我们劫掠你的船了吗？我们把你抓住、置于敌人的弓箭之下了吗？我们让你去田里和我们的牲口一起劳作了吗？你身上有我们的影子，我们尊重你。我们的风俗比你们的风俗更明智、更正直，让我们保持下去吧；我们一点也不想放弃你所谓的无知，来交换你们无用的知识。我们需要的、对我们有好处的东西，一样都不缺。我们被你们蔑视，就因为我们不知道提出无用的需求？我们饿的时候有东西吃，冷的时候有衣服穿。你去过我们的茅屋，觉得缺什么吗？你尽管去追求你所说的生活便利吧，可是也要允许不想前行的人停下来，他们并不想用无止境的艰辛去追求虚妄的好处。如果你劝告我们去超越生活所需的界限，那我们要劳作到什么时候？什么时候才能享受呢？我们尽可能把每年、每天的劳动减到最少，因为在我们看来休息胜过一切。回你的国家吧，随你怎样折腾自己、折磨自己；不要用你凭空捏造的需求和子虚乌有的美德骚扰我们。看看这些男人，多么端正、健康、强壮；看看这些女人，多么端正、健康、鲜艳、美丽。拿起我的这张弓，叫你的同伴来帮忙，两个、三个、四个，都可以，看你们能不能拉开弓。我一个人就能拉开。我耕地、爬山、穿越森林，在平原上一小时就能走八古里。你那些年轻的同伴们好不容易才能跟上我，可我已经九十多岁了。你一来，这个岛就倒霉了！现在的塔希提人倒霉，将来的塔希提人也倒霉！以前，我们只知道一种病，任何人、动物、植物都逃脱不了，那就是衰老；你却给我们带来了另一种病[1]：你污染了我们的血。我们可能得亲手杀死我们的女孩子、女人和孩子，杀死接近过你手下女人的男人，接近过你手下男人的女人。我们的田野会浸透从你的血管里传到我们血管里的污血；我们的孩子，注定要滋养、传承你带给他们父母的恶，而且一代一代地传给他们的后代。罪孽的人！要么是你们罪恶的爱抚带来灾害，要么是我们犯罪杀人来阻止你们带来毒害，不管怎样你都是有罪之人。你还说罪恶！有哪种罪恶比你犯的罪更重？在你们那里，杀死自己的邻人要怎么处罚？斩首；在你们那里，毒死邻人的小人要怎么处罚？火刑。毒害众国的罪人，告诉我们，和这毒害邻人的小人相比，你应该判什么罪？只有在特定的时刻，年轻的塔希提女人才投身于年轻塔希提男人的狂热与

---

[1] 欧洲人把梅毒传染给塔希提人，导致塔希提人口骤减。库克船队和布干维尔船队到达塔希提的时期，岛上有十万居民，后来仅剩七八千人。

热吻之中；她（到了适婚年龄）热切地盼望着母亲揭开她的面纱，露出胸脯。她吸引陌生人爱恋的目光，吸引他父母兄弟的目光，感到骄傲；她无惧无羞，在我们的面前，在一群无辜的塔希提人的簇拥之下，在他们的笛声与舞蹈之中，接受自己年轻的心与隐秘的欲望为她指引的那个人的爱抚。是你把罪恶的念头和染病的风险带到我们当中。我们从前的享乐那样甜蜜，现在却伴随着懊悔和恐惧。站在你身边听我讲话的这个黑人，和我们的男孩子们说过话，也不知道他和我们的女孩子说了什么；只是，男孩子在犹豫，女孩子红了脸。如果你愿意，带着陪你享乐的坏女人走到这片幽暗的森林里去吧；但是，你得让善良淳朴的塔希提人在日光朗朗之下光明正大、毫无羞愧地繁衍。还有哪种更正派、更高尚的感情能够代替我们在他们身上激发的、让他们生机勃勃的感情？他们觉得为国家、为家庭增添新丁的时刻到了，为此满心自豪。他们吃饭是为了生存，为了生育；他们生育是为了繁衍壮大，从未感到罪恶与羞耻。听听你罪行的后果吧。你一来到他们中间，他们就变成了小偷。你一踏足这片土地，土地就扬起血腥之气。那个跑上前去迎接你、对你大喊"哎！朋友，朋友"的塔希提人，你把他杀了。你为什么杀他？因为他被你的小蛇蛋[①]的光芒所吸引。他把自己的果子给你吃，自己的妻女给你享用，自己的茅屋给你住，

[①] 指假珠宝。

你却把他给杀了，因为他没有经你同意就拿了一点你的珠子。这里的老百姓呢？一听到你杀人武器的声音，他们就吓坏了，逃到了山里。不过你要知道，他们很快会下山来；要是没有我，你们所有人都会顷刻灭亡。唉！为什么我要安抚他们？为什么我当时拦着他们，现在还拦着他们？我不知道，因为你根本不值得同情，因为你灵魂冷酷，根本不知道什么是同情。你和你的手下，你们在我们的岛上随意漫步；你受到我们的尊敬，享受了一切；你一路没有遭到任何阻碍，任何回绝：我们邀请你，请你上座，把丰饶的物品摆在你面前。你不是想要年轻女孩吗？除了那些还无权展露面容和胸脯的女孩，母亲们把其他所有的女孩都赤裸裸地送到你面前，于是你占有了我们的待客之道温柔的牺牲者；我们用枝叶和花朵为你和她铺床，乐师们吹起乐器，让你们自由舒适地享受欢愉。我们唱起颂歌，鼓励你做男人，鼓励我们的孩子做女人，温顺性感的女人。我们在你们的婚床周围起舞；可是，等你在这女人怀中尽享欢愉之后，却杀了她的兄弟，她的朋友，可能还杀了她的父亲。你还做了更坏的事：看看这边，这道插满利箭的围墙；这些武器从前只是用来威胁我们的敌人，现在却转过来对付我们自己的孩子。看看这些陪伴你们享乐的可怜的人，看看她们多么悲伤，看看她们的父亲多么痛苦，看看她们的母亲多么绝望：她们就这样被我们一手杀害，或是被你带来的病杀害。你快走吧，除非你想用残忍的双眼看到杀戮的景象，走吧；走吧，罪恶的海洋在你来时放过了你，但愿它能够悔悟，在你回去时吞没你，为我们报仇！还有你们，塔希提人，回到你们的茅屋中去，全都回去；让这些可耻的异乡人在离开之时只听到怒吼的海浪，只看到愤怒的浮沫染白荒芜的海岸！"

他话音刚落，居民们倏然散去，整个海岛悄无声息，只听见尖厉的风声和漫长的海岸边低沉的浪声：就像天空和大海有感于老人的话语，都听从他的吩咐。

B：啊！您怎么看？

A：我觉得这番话愤慨激昂，不过在某种说不出的生硬粗糙背后，似乎有属于欧洲的想法与表达。

B：要知道这番话是从塔希提语译成西班牙语，又从西班牙语译成法语的。老人深夜到奥鲁家让他翻译，因为奥鲁家祖祖辈辈都说西班牙语。奥鲁把老人的长篇大论用西班牙语记了下来，于是老人训话的当口，布干维尔手里就有了一份抄本。

A：现在我完全明白布干维尔为什么要删去这一段了；不过这还没完，我对其他部分也非常好奇。

B：后来的事，您也许不会那么有兴趣。

A：没关系。

B：是远征队的牧师与岛上一个居民的对话。

A：奥鲁？

B：正是。布干维尔的船靠近塔希提时，无数中空的树干划向海面，眨眼工夫大船就被那些小船包围了；不论他的目光投向何方，看见的都是惊奇友好的表现。人们向他投掷食物，向他伸出双臂；他们拉住绳索，爬上船板，在他的救生艇里坐得满满当当；他们向岸上呼喊，岸上也传来回应；岛上居民都蜂拥而至，等船队的人登陆后，居民就争抢客人，把他们分到各家；各人带领自家客人回到茅屋，男人拦腰抱住他们，女人用手抚摸他们的脸颊。您设身处地想想看，设想那是怎样一幕迎客的景象，告诉我您觉得人类怎么样？

A：美极了。

B：不过我忘了给您讲一件奇怪的事。这友善和睦的一幕突然被一个人的大声呼救打断了；那是布干维尔手下一名军官的仆人。一些年轻的塔希提人扑上前去，把他按倒在地，脱光他的衣服，准备对他行塔希提仪。

A：啊！那么民风淳朴的族群，那么善良、诚实的野蛮人……

B：您弄错了。这个仆人是个女扮男装的姑娘。在整个漫长的航程中，所有船员都不知道她的身份，塔希提人却一眼看出了她的性别。她出生于勃艮第，名叫巴雷，不丑也不俊，二十六岁。她从未离开过家乡小村，第一个念头却是周游世界，而且一直明智勇敢。

A：这些柔弱的机器有时也蕴藏着坚毅的灵魂。

三

牧师与奥鲁的对话

B：塔希提人分配布干维尔的船队成员时，牧师被分配给奥鲁。牧师和这个塔希提人差不多年纪，都是三十五六岁。奥鲁当时只有妻子和三个女儿，名叫阿斯托、帕里和泰雅。她们给牧师脱下衣服，洗脸和手脚，还给他准备了一顿洁净丰盛的饭菜。等他准备睡觉时，奥鲁带着全家人又出现了，向他介绍全身赤裸的妻子和女儿，说道：

"你吃饱了，你年轻健壮，如果独自睡觉，会睡不好；男人夜晚需要有人陪伴。这是我妻子，这是我女儿，你选一个中意的；不过，如果你想帮我，就选我最小的女儿吧，她还没有孩子。"

他妻子接着说道:"唉!我可不能责怪她,可怜的泰雅!这不是她的错。"

牧师答道,出于他的宗教、他的身份、社会习俗和诚实,他都不能接受奥鲁的馈赠。

奥鲁反驳道:"我不知道你说的宗教是什么,但我只能认为它是坏的东西,因为它禁止你品尝一种纯洁的欢愉,而至高的女神——自然,鼓励我们每一个人品尝这种欢愉;它阻止你带来一个同类的生命,阻止你满足一家父亲、母亲、孩子们提出的请求,阻止你报答热情招待你的东道主,阻止你壮大一个国家、为它增添新的子民。我不知道你说的身份是什么,但你的第一职责是作为男人,知恩图报。我并不求你把奥鲁的习俗带到你的国家,但是你的东道主、你的朋友奥鲁请你入乡随俗。塔希提习俗比你们国家的习俗是好是差,很容易判别。你出生的那片土地养育了超出它能力的人口吗?如果是,那你们的习俗和我们的习俗不相上下。如果它的能力超出实际人口,那我们的习俗就比你们好。你用诚实来反驳我,我明白,我承认我错了,向你道歉。我不强求你损害身体,如果你累了,那你需要休息;不过我不希望你继续让我们伤心难过。你看看,你让我们所有人脸带愁容:她们担心你觉得她们有缺陷,让你轻蔑。不过即使是这样,助人为乐,让我的一个女儿在同伴、姐妹们面前脸上有光的乐趣,还不够吗?慷慨一点嘛!"

牧师:"不是因为这个:她们四个都很美。可是我的宗教!

我的身份！"

奥鲁："她们是我的，我把她们给你；她们是她们自己的，她们把自己给你。不管宗教这个东西和身份这个东西要求你什么样的良心清白，你都可以毫无顾忌地接受她们。我丝毫不会滥用权力，请你放心，我知道而且我尊重人的权力。"

此刻，诚实的牧师承认，上帝从未让他面临过如此强烈的诱惑。这年轻人坐立不安，饱受煎熬，在哀求的美人面前转过头去，躲闪她们的牵扯；他伸开双臂，望向上天。泰雅，最年轻的那个女孩，抱着他的双膝说道："外乡人，不要让我父亲难过，不要让我母亲难过，不要让我难过！在我家的茅屋里、在我的亲人之间，给我以宠幸；让我和我的姐妹们一样，别让她们笑话我。我的大姐姐阿斯托已经生了三个孩子，二姐姐生了两个，泰雅却一个都没有！外乡人，诚实的外乡人，不要拒绝我！让我成为母亲，让我生个孩子，有一天我可以牵着他的手带着他在塔希提行走；九个月之后，让我哺育这个孩子，让我为他骄傲，等到我从父亲的茅屋走进另一个茅屋时，让他成为我的嫁妆。和你一起，可能比和我们塔希提的年轻人更容易怀上孩子。如果你帮我这个大忙，我永远不会忘记你；我一生都会为你祈福；我会把你的名字文在我的手臂上、我孩子的手臂上，我们会满怀喜悦，时时说起你。等你离开这片海岸，我的祝福会一路陪伴你，直到你回到故乡。"

老实的牧师说她紧握他的手，双眼紧盯着他，目光灼灼动人；她哭泣哀求，她的父母姐妹都走开了，只剩他们两人相对，他不停地说"我的宗教，我的身份"，第二天却躺在年轻女孩的身边。她对他极尽温存，早上父母与姐妹前来时，她还请他们同自己一起向他道谢。

前一晚离开的阿斯托和帕里带来了当地的美味佳肴、饮品和水果，她们拥抱妹妹，向她祝福。他们一起吃过饭，奥鲁独自留下对牧师说：

"看得出我女儿对你很满意，我感谢你。你能告诉我'宗教'这个词是什么意思吗？你那么痛苦，总在重复这个词。"

牧师遐想了一会儿，答道：

"是谁造了你的茅屋和其中的各种器皿？"

奥鲁：是我。

牧师：对了！我们相信这个世界和世上包含的一切都是一个工匠的作品。

奥鲁：那他有双手、双脚和头吗？

牧师：没有。

奥鲁：他住在哪儿？

牧师：无所不在。

奥鲁：也在这里！

牧师：在这里。

奥鲁：可我们从没见过他。

牧师：我们看不到他。

奥鲁：那他可是个不管事的父亲！他应该很老了，因为他至少得有他的造物那么老。

牧师：他不会变老；他和我们的祖先说过话，给他们制定了法令；他规定他们要怎样尊崇他，规定哪些行为是好的，哪些行为是坏的。

奥鲁：我明白了。他规定不许做的一种恶行，就是和女人或女孩睡觉。那他为什么要造男女两种人呢？

牧师：为了结合，不过必须满足某些条件，经过某些先期的仪式，在此之后一个男人就属于一个女人，只属于她，一个女人只属于一个男人，只属于他。

奥鲁：一生一世。

牧师：一生一世。

奥鲁：万一一个女人和丈夫之外的男人睡觉，或是一个男人和妻子之外的女人睡觉……不过不会发生这样的事，因为他在那儿，他不喜欢这样的事，肯定会阻止它发生。

牧师：不会，他听之任之；他们做出违反上帝（我们这样称呼至高的工匠）法令的事，违反国家法律的事，就是犯罪。

奥鲁：我不想冒犯你；不过如果你不介意，我想说说我的看法。

牧师：请讲。

奥鲁：这些奇奇怪怪的告诫，我觉得它们不符合自然，不符合常理，制定出来只是为了增加罪恶、时刻触怒老工匠。这老工匠呢，没手没头没工具，却造出了一切；他无所不在，我们却看不见他；他一天天存在，却从不多出一天；他发号施令，却被人忤逆；他可以阻止恶行，却从不阻止。我说这些告诫不符合自然，是因为它们设定一个有思想、有感觉、有自由的人，可以是他的同类的所有物。这种所有权根基何在？你不觉得你们国家的人混淆了两种东西吗？一种是没有感觉、没有思想、没有欲望、没有意愿的东西，可以随意丢弃、取用、保存或交换，它却不会痛苦、不会抱怨。另一种是不可交换、不可获取的东西，它有自由、有欲望、有意愿，可以一时给予或拒绝，也可以永远给予或拒绝；它会抱怨，会痛苦；如果把它变成交易的物品，就是抹杀它的个性、违反自然。它们违背万物的规律。没有哪种条例比这更荒谬，禁止我们身上固有的变化，强制人们始终不渝，把男男女女绑在一起，损害他们的自由。强求个人的忠诚，限制他身上最为任性的欢愉；强求两个活生生的人作出不变的承诺，而他们生存的世界瞬息变化，洞穴转眼变为荒丘，岩石转眼化为尘土，树木开裂，石头摇坠。你听我说，你们让人活得连禽兽都不如。我不知道你说的至高的工匠是什么，不过我庆幸他没跟我们的祖先说过话，也希望他不要和我们的后代说话，因为他很有可能说同样的蠢话，他们也有可能傻乎乎地相信他。昨天晚饭时你给我们讲了官员和教士，你称为官员和教士的这些人规定你的行为，我不知道他们是什么人，不过请你告诉我，他们掌管的是善还是恶？他们能把对的变成错的、把错的变成对的吗？是他们把善加之于有害的行为，把恶加之于无辜的、有用的行为吗？你无法判断，因为这样算来，就没有真假、善恶、美丑之分了。至少，你的伟大的工匠，你的官员和教士们可以信口胡言，那么，你可能随时随地要改变你的想法和行为。可能有一天，这三个主人中的一个对你说"去杀人"，你就得理直气壮地去杀人；另一天又说"去偷盗"，你就得去偷盗；或者说"别吃这种果子"，你就不敢吃；"不许碰这种蔬菜或这种动物"，你就不敢碰。他们可以随意禁止你行善，随意命令你行恶。如果你的三个主人意见不合，一个允许你做某事，一个命令你做，另一个又禁止你做，那怎么办呢？我想经常会有这种时候吧。要让教士满意，你就得跟官员闹翻；要让官员满意，你就得得罪至高的工匠；要讨至高的工匠欢心，你就得违背自然。那你知道最后会怎样吗？你会把三方都得罪，你既当不成人，又当不成公民，也当不成教士，你什么都不是；你和各方权威都对立，自己也不得安宁：当了坏人，良心又不安，被你荒唐的主子们追逼，自己还很痛苦，就像我昨晚让你选我的妻子女儿时，你不停地叫："我的宗教！我的身份！"你想知道，自古以来，世界各地，什么是善，什么是恶吗？那就是遵从万物和行为的本性，遵从你和你的同类的关系，遵从你的行为对于你的个人利益和公众利益的影响。要是你以为天上地下，世间万物，有什么能够在自然的法规中增添或删减，那你就疯了。自然永恒的意愿就是善高于恶，群体利益高于个人利益。如果你命令人做相反的事，就不会有人遵守。害怕、惩罚和悔恨，只会造出更多的恶人和不幸的人，会让人良心败坏，精神堕落；他们不知道应该做什么，不应该做什么。天真无辜遭到谴责，作恶却心安理得，他们就失去了指路的北极星。请你如实回答我，尽管你们的三个立法者有明确的禁令，如果没有他们的允许，你们那里的年轻人就永远不会碰年轻女孩吗？

牧师：如果我说是，就是撒谎。

奥鲁：女人发誓只属于一个男人，就永远不会再委身于另一个吗？

牧师：再寻常不过。

奥鲁：你们的立法者会严厉惩罚违规的人吗？如果惩罚，他们就是违抗自然的猛兽；如果不惩罚，那他们就是笨蛋，发出无用的禁令，让自己的权威遭到蔑视。

牧师：有罪的人，即使逃脱了严厉的法律，也逃不掉众人的谴责。

奥鲁：也就是说，正义靠全民缺乏理智来实施，法律靠疯狂的舆论来补充。

牧师：女孩子丧失了名誉就找不到丈夫。

奥鲁：丧失名誉？为什么？

牧师：不贞的女人多少都会受到鄙视。

奥鲁：鄙视？为什么？

牧师：奸夫被人叫作可耻的引诱者。

奥鲁：可耻？引诱者？为什么？

牧师：他的父母、孩子都为他羞耻。轻浮的丈夫被叫作放荡的人，被背叛的丈夫和妻子一样抬不起头。

奥鲁：你给我讲的这一套一套，可真是稀奇古怪、骇人听闻！而且你还没有全部说出来，一旦人能够随意规定什么是公正，什么是财产，能够给事物加上或减去随便某种品质，能够把善与恶的观念与行为捆绑或分离，毫无凭证，随心所欲，人就会互相谴责，互相指控，互相怀疑，互相欺压，变得贪婪、嫉妒，互相欺骗，伤心难过，隐藏伪装，互相监视，探人隐私，争吵撒谎。女儿欺骗父母，丈夫欺骗妻子，妻子欺骗丈夫；年轻女子，没错，我确信无疑，年轻女子会杀死自己的孩子；疑心重的父亲会轻蔑和忽视自己的孩子；母亲会丢弃孩子，任由他们自生自灭——各种各样的罪恶和放荡由此滋生。我一清二楚，就好像我在你们那里生活过一样。现实是这样，因为它应该是这样。你们的首领所鼓吹的秩序井然的社会，不过是一帮道貌岸然的伪君子，暗中践踏法律；一帮倒霉蛋，作茧自缚，自作自受；一帮蠢货，用成见压制自然的呼声；一帮人性扭曲的人，天性不能自由发挥。

牧师：差不多。你们不结婚吗？

奥鲁：我们结婚。

牧师：那你们的婚姻是什么？

奥鲁：同意住在同一个茅屋里、睡同一张床，只要我们觉得适意。

牧师：那你们不适意时怎样呢？

奥鲁：我们就分开。

牧师：你们的孩子怎么办？

奥鲁：噢，异乡人！你这最后一问，揭露了你们国家最深层的苦难。我的朋友，你要知道，在我们这里，孩子出生从来都是喜事，孩子夭折会让人惋惜痛哭。孩子是宝贵的财富，因为他会长大成人；因此，我们对待孩子和对待植物、动物完全不同。孩子出生会让全家喜悦、全民喜悦，因为他给家里增添财富，给国家增添力量，给塔希提添了人手；他将来就是农夫、渔夫、猎人、战士、丈夫、父亲。一个女人从丈夫的茅屋回到父母茅屋的时候，会带着她作为嫁妆带去的孩子；共同生活期间所生的孩子则双方平分；分配时男女尽可能平衡，让双方的男孩女孩数量平均。

牧师：不过孩子还要很久才能出力。

奥鲁：我们把全族果实的六分之一都用来哺育孩子、供养老人；他们到哪，份额就到哪。所以你看看，塔希提的家庭，人丁越兴旺就越富有。

牧师：六分之一！

奥鲁：对。这种办法很可靠，鼓励生儿育女，赡养老人，抚养孩子。

牧师：你们的夫妻经常换吗？

奥鲁：经常换。不过，结一次婚至少持续一个月。

牧师：除非女人怀孕，那样的话，同居至少是九个月。

奥鲁：你弄错了，父子关系，就和食物配额一样，是随着孩子的。

牧师：你刚跟我说女人嫁给男人，带着孩子当作嫁妆。

奥鲁：没错。我的大女儿有三个孩子，他们会走路了，健康漂亮，以后一定身强力壮；等她想要结婚的时候，她就带着孩子嫁过去，他们是她的嫁妆；她的丈夫会高高兴兴地迎接他们；如果她怀上第四个孩子，他就会更高兴。

牧师：是她丈夫的孩子吗？

奥鲁：她丈夫的，或是另一个人的。在我们这里，女孩生的孩子越多，越受欢迎；男孩越强壮，就越富有。因此，在他们成年之前，我们尽力禁止女孩接触男人、男孩接触女人；等他们到了适婚年龄，我们就大力敦促他们生育。你不知道你给我女儿泰雅帮了多大的忙，如果你能让她怀个孩子。她妈妈就不会月月对她念叨："泰雅啊，你在想什么啊？你还没怀孕，你都十九岁了；你这年纪应该有两个孩子了，你一个都没有。以后靠谁养你？你这么错过大好年纪，老了可怎么办？泰雅，你一定有什么短处，男人都不靠近你。改改吧，我的孩子；在你这个年纪，我已经当了三次妈了。"

牧师：你们怎样保护未成年的男孩女孩？

奥鲁：这是家庭教育和公共道德最重要的部分。我们的男孩在二十二岁之前，也就是成年之后两三年，会穿一件长衣，腰上系着一条细链子。女孩在适婚年龄之前，只能戴着白纱出门。很少有人会取掉链子、揭去面纱，因为我们早早地就告诉他们，会有什么样的后果。不过，等男孩长大成年，男性特征持久稳定，精液质量可靠，等女孩盛放之后，成熟恰到好处，能够激发欲望而且满足欲望能够开花结果，父亲就取掉男孩的链子、剪掉他右手中指的指甲，母亲就取掉女孩的面纱。男孩可以与女人自由接触，女孩可以露出面孔与胸部在众人面前行走，接受或拒绝男人的爱抚。在此之前，父母只是告诉儿女应该首选什么样的人。男孩或女孩获得自由的那天是一个重大节日。如果是女孩，她获得自由的前一天，男孩们会聚集在她的茅屋周围，歌声和乐声彻夜鸣响；到了这一天，她的父母会把她带到一块场地上，人们在周围起舞、蹦跳、打斗、赛跑，在她面前展示裸体的男子，各个侧面，各种姿态。如果是男孩，那就是年轻女孩们为他庆祝节日，在他面前展示裸体的女人，毫无遮掩，毫无保留。庆典的剩余部分在枝叶扎成的床上进行，就像你刚刚到来时见到的那样。太阳落山时，女孩回到父母的茅屋，或者去她选中的男子的茅屋，一直住到她不想住为止。

牧师：那这个节日到底是不是结婚日？

奥鲁：你刚说……

A：这旁边写着什么？

B：是一个注释，老实的牧师说父母给孩子的挑选伴侣的建议饱含智慧，细致有用；不过他又删掉了这个观点，担心我们这些堕落肤浅的人觉得荒诞不经。但是他还是补充道，他很遗憾删掉了一些细节，从中可以看出：首先，一个国家长久地关注一个重要的问题，即使不需要借助物理学和解剖学，也可以达到很高水平的研究；其次，各个地方美的观念大不相同，有的地方，美的形式取决于一时欢愉，有的地方则根据更长久的利益来衡量美。在前一个地方，美是指闪亮的皮肤、大额头、大眼睛、细腻精致的线条、轻盈的体态、小嘴巴、小手、小脚……这些在这里都不是衡量标准。吸引人们目光、激起人们欲望的女人，看起来要多产（就像奥萨红衣主教的妻子），而且孩子长大后应该积极、聪明、勇敢、健康、强壮……雅典的维纳斯和塔希提的维纳斯截然不同，一个是风雅的维纳斯，一个是丰产的维纳斯。有一天，一个塔希提女人对另一个本地女人说：你长得美，可是你生出的孩子很丑；我长得丑，可是我生出的孩子很美，所以男人们更喜欢我。

这条注释之后，奥鲁继续说：

一个女孩确认怀孕后，那是她和她的父母多么幸福的一刻啊！她站起来，跑出去，搂住父母的脖子，激动无比地向父母宣告这个消息，父母也同样激动地聆听消息。'妈妈！爸爸！快吻我吧，我怀孕了！'——'真的吗？'——'千真万确。'——'是谁的孩子？'——'是某某的……'

牧师：她怎么知道孩子父亲是谁呢？

奥鲁：她怎么会不知道呢？我们的爱就和我们的婚姻一样，是有长度的，至少持续一个月。

牧师：这条规定是严格遵守的吗？

奥鲁：你自己想想看。首先，一个月时间并不长；不过，如果两个父亲执意争同一个孩子，这孩子就不属于他的母亲了。

牧师：那孩子归谁呢？

奥鲁：两人当中，她想给谁就给谁；这是她的特权。既然孩子代表利益和财富，你可以想见，我们这里放荡的女人很少见，年轻人会远离她们。

牧师：这么说，你们这里也有荡妇？我听了稍为宽心。

奥鲁：有，而且不止一种；不过我的话还没说完。我们的女孩子怀孕以后，如果孩子的父亲是个英俊、健康、正直、聪明、勤劳的年轻人，孩子很有可能继承他的优点，那全家人就会加倍高兴。只有母亲选错了人，孩子才会蒙羞。你可以想见我们多么重视健康、美貌、体力、能干和勇气；你也可以想见，我们没有刻意为之，但血脉的特权在我们中间代代相传。你到过那么多地方，你告诉我，其他地方有塔希提这么多的俊男美女吗？你看看我，觉得我怎么样？好吧！有上万个年轻人比我英俊，和我同样强壮，但没有一个像我这样诚实正直，所以母亲们都劝女儿来找我。

牧师：可是，你在茅屋之外生的那些孩子，哪些归你呢？

奥鲁：第四个，不管是男是女。我们这里已经建立起一套男人、女人和孩子流动的体系，或者说各个年龄、各种功能的人手体系，跟你们的财宝价值不同，你们的财宝只是生产出来的物品。

牧师：我理解。我看到有人戴着黑面纱，那是什么意思？

奥鲁：代表不育，不是天生缺陷，就是年老体衰。哪个女人摘下面纱、和男人混在一起，她就是一个荡妇；哪个男人给不育的女人摘下面纱、跟她混在一起，他就是个浪荡子。

牧师：灰面纱又是什么意思呢？

奥鲁：代表周期性的疾病。哪个女人摘下面纱、和男人混在一起，她就是一个荡妇；哪个男人给生病的女人摘下面纱、跟她混在一起，他就是个浪荡子。

牧师：你们有什么措施来惩罚浪荡之人吗？

奥鲁：只有责备。

牧师：父亲可以和女儿睡觉、母亲可以和儿子睡觉吗？兄弟姐妹可以吗？丈夫可以和别人的妻子睡觉吗？

奥鲁：为什么不行？

牧师：先不说私通，可是乱伦、通奸怎么行？

奥鲁：你说的这些词是什么意思？私通、乱伦、通奸？

牧师：犯罪，重罪，只要犯了一种，就会被处以火刑。

奥鲁：在你们国家判不判火刑，我不在乎。但是不能依照欧洲的风俗来谴责塔希提风俗，也不能依照塔希提风俗来谴责你们国家的风俗。我们需要更准确的评判标准，什么样的标准呢？还有比群体利益和个人利益更好的标准吗？现在，你告诉我，你所说的乱伦罪违背我们行为的这两个目的吗？我的朋友，如果你认为法律一旦颁布、罪恶的字眼一旦创造出来、刑罚一旦宣判，就一锤定音，那你就错了。现在你回答我，乱伦是什么意思？

牧师：呃，乱伦就是……

奥鲁：乱伦？……你那没头没手没工具的至高工匠创造世界很久了吗？

牧师：不久。

奥鲁：他一次就造出了所有人吗？

牧师：不是，他只造了一个女人和一个男人。

奥鲁：他们生了孩子？

牧师：当然。

奥鲁：如果这对父母生的全是女儿，她们的妈妈先去世了；或是生的全是儿子，母亲失去了丈夫。

牧师：你的问题我很难回答。不过你说了也是白说，乱伦就是可怕的罪行，我们说说其他的吧。

奥鲁：你想怎么说都行。不过你不跟我说清楚什么是乱伦重罪，我是不会和你谈下去的。

牧师：好吧！我同意你的说法，乱伦可能跟自然并不相悖，但它不会威胁到政治制度吗？如果数百万人的国家，全是五十来个家庭的父亲的儿女，怎么保证首脑的权威、国家的安定？

奥鲁：最坏的情况，就是有一个大社会，五十个小社会；但是幸福会增多，还减少了一项罪恶。

牧师：我想即使在你们这里，儿子也很少会和母亲睡觉吧。

奥鲁：除非他对母亲极为尊敬，怀有极深的感情，让他忘了年龄差距，宁愿抛弃十九岁的女孩子，喜欢一个四十岁的女人。

牧师：父亲和女儿呢？

奥鲁：也很少见，除非女儿很丑没人要。如果父亲疼爱她，就跟她生孩子，作为她的嫁妆。

牧师：这样想来，不受自然垂怜的女人在塔希提一定命运悲惨。

奥鲁：这话说明你不相信我们的年轻人心地仁慈。

牧师：兄弟姐妹之间结合，我想不会少吧？

奥鲁：而且大受赞赏。

牧师：听你这么说，这种在我们国家引发那么多罪恶的激情，在这里是完全无辜的。

奥鲁：外乡人啊！你没有判断力，记性也不好。没有判断力，是因为越是禁止，人就越会破禁；记性不好，因为我跟你说过的话你都忘了。我们这里有些年老的荡妇，夜晚不戴黑纱出门，接触男人却毫无成果，如果她们被人认出或当场抓到，惩罚就是流放到北部或是被奴役驱使；还有未成年的女孩，瞒着父母揭去白纱（我们把她们关在茅屋里一块封闭的位置）；还有年轻男子，在自然和法律规定的期限之前取掉链子（我们会责怪他们的父母）；还有孕期持续太长的女人，不严格佩戴灰纱的女人和女孩。不过，实际上我们并不会严格惩罚这些错误。你无法想象，个人利益或群体利益和人口增长的观念在我们的心里那样紧密相连，足以净化我们的风俗。

牧师：两个男人爱上同一个女人，或是两个女人或女孩青睐同一个男人，不会造成冲突吗？

奥鲁：我只见过极少的情况：这个女人或男人的选择决定一切。男人行使暴力是很重的过错；不过需要公开提出控诉，几乎从来没有女孩或女人提出过控诉。我发现的唯一的事情，是我们的女人对丑男人不及年轻男人对病弱女人那样同情。我们并不以为忤。

牧师：这样看来，你们似乎从来没有嫉妒之情。但是，夫妻之爱和母爱，这两种如此强大而甜蜜的感情，对你们来说即使不算陌生，也是非常少见的。

奥鲁：我们用另一种同样普遍、持久而强烈的东西代替这两种情感，那就是利益。你摸着良心想想，把你们关于美德的夸夸其谈放在一边；你的同伴们嘴上说个不停，其实并不放在心上。你告诉我，不管在什么地方，如果不是出于羞愧，哪个男人不是为了自己终身的财富与优裕，宁愿牺牲自己的孩子、自己的妻子？你要知道，无论在哪里，如果人像保护自己的床铺、健康、休憩、茅屋、果实和田地一样保护自己的同类，他就会尽其所能。在我们这里，孩子生病时周围的人都会为他落泪，母亲生病时会得到照顾；我们重视多产的女人、适婚的女孩、青壮的少年，重视培养他们，因为他们兴盛就是我们的兴旺，他们遭难就是我们的损失。

牧师：我怀疑野蛮人倒是占理。我们那里的贫苦农民让妻子劳累，以便让马休息，任由孩子病死，却叫医生来给牛治病。

奥鲁：你说的我不太明白，不过等你回到你们无比文明的国家，不妨介绍这个方法，大家就会知道孩子的价值，人口繁盛的重要性。要我告诉你一个秘密吗？要留神，你可能注意不到。你们来到这里，我们献上自己的妻女；你们大吃一惊，然后感激不尽，我们却在心中暗笑。你们感谢我们，却不知道我们让你和你的同伴们作出了最大的贡献。我们没有找你们要钱，没有争抢你们的商品，对你们的金银财宝置之不理；可是我们的女人和女孩却来汲取你们血脉中的精血。等你离开之后，会留下你的孩子：从你身上、从你实实在在的身体上抽取的这项捐税，不正是最好的吗？如果你要估算它的价值，就想想你要沿着海岸航行一两千里，每隔五十里就有人要求你做同样的贡献。我们有大片荒弃的土地，缺少人手，所以向你求助。我们经历了流行病带来的灾难，要靠你来填补灾难留下的空缺。我们要对付周围的敌人，需要士兵，所以请你帮忙；我们的女人和女孩太多，超过男人的数量，所以把你拉进我们的行列。这些女人和女孩，有一些生了孩子，我们就把还没生过孩子的女人最先推给你。我们得向欺压我们的邻族交纳人手，这就由你和你的同伴们来承担；五六年之后，如果你们的孩子不如我们的孩子，我们就把他们送给邻族。我们比你们壮实，比你们健康，但是你们比我们聪明；于是，我们马上派出最漂亮的女人和女孩，接收比我们更高等的种族的精液。这是我们作出的尝试，可能会让我们壮大。我们从你和你的同伴身上获取了我们唯一能够获取的东西：你要知道，我们虽然是野蛮人，可也知道算计。不管你到哪里，会发现所有的人都和你一样精明。他只会给你对他无价值的，向你要对他有用的。如果他给你一块金子，换一块铁，那是因为他对金子毫不在意，认为铁更有价值。现在，你告诉我，为什么你和其他人穿得不一样？你从头裹到脚的这件长袍，你有时搭在肩上、有时套在耳边的这个尖袋子，是什么意思？

牧师：如你所见，这是因为我加入了一个团体，其中的人在我们国家被称为"教士"。他们最神圣的誓愿就是不接近女人、不生孩子。

奥鲁：那你们做什么？

牧师：什么都不做。

奥鲁：你们的官员能容忍这种懒惰吗？这可是懒惰之中最坏的一种。

牧师：不仅容忍，他还尊重，还让别人尊重。

奥鲁：我起初的念头是自然或是什么意外，或是某种残忍的手法，让你丧失了繁衍子嗣的能力；人们出于同情让你活着，而没有杀死你。不过，教士，我女儿说你是个男人，和塔希提人一样强壮的男人，她希望你反复的温存不会徒劳无功。现在我明白了你昨晚为什么那样大喊"我的宗教！我的身份！"你能不能告诉我，为什么官员们要给你们那样的优待和尊重？

牧师：我不知道。

奥鲁：那你至少知道你为什么身为男人，却强制自己不做男人？

牧师：说来话长，很难跟你解释清楚。

奥鲁：这不生子嗣的誓愿，教士真的都遵守吗？

牧师：没有。

奥鲁：我想也是。你们也有女教士吗？

牧师：有。

奥鲁：也跟男教士一样顺从？

牧师：她们更封闭，在痛苦中枯萎，在烦闷中死去。

奥鲁：这就是冒犯自然的下场。哦，卑劣的国家！如果一切都按你所说的那样，你们真是比我们还要野蛮。

老实的牧师说这一天剩下的时间，他在岛上游览各处茅屋，晚上吃过晚饭之后，奥鲁夫妇请求他和第二个女儿一起睡觉，帕里就像泰雅那样赤裸裸地来到他面前，一晚上他又多次大叫："我的宗教！我的身份！"第三天晚上，他和阿斯托共度，又被同样的悔恨所折磨；第四天，他出于礼貌，和这家的主妇共度良宵。

四

对话继续

A：我觉得这牧师很有礼貌。

B：我呢，大大欣赏塔希提风俗和奥鲁的一番话。

A：尽管有点欧洲的套路。

B：确实如此。

这里，老实的牧师抱怨在塔希提待的时间太短，无法更好地了解这个民族的风俗。他们非常睿智，止于平庸的自满自足；他们非常幸运，居住在风调雨顺之地，保障他们可以长久地陷于麻木迟钝之中；他们非常勤劳，得以满足各种必不可少的生活需要，又非常懒散，认识的快速发展不足以打乱他们的无忧、安宁与幸福。这里只有天生的恶，舆论与法规都不会造成恶。人们共同劳作，共同耕种，很少有人有"私有财产"的观念；爱的激情只不过是普普通通的身体欲望，完全不会造成任何动乱。整座岛看起来就像一个人口众多的大家庭，每个茅屋都是大家族中形形色色的小家庭。最后，他说他会永远记得这些塔希提人，他想过要把教袍扔到船上、和塔希提人共度余生，他还担心以后会常常后悔没有留下来。

A：尽管他这样夸赞，从这样一个未开化的民族古怪的风俗习惯中，我们能学到什么呢？

B：我首先想到的是，有一些物质的原因，比如要战胜贫瘠土地的需求，让人变得聪明能干，这种冲动促使他超越目标，在满足需要之后，还推动他冲向奇思怪想的无边汪洋，无法折返。真希望幸福的塔希提人能止于现状！我想，地球上除了这个偏远的角落，从没有国家、也许以后也不会有任何国家有那样的风俗。

A：您说的是什么风俗？

B：我说的是全体人民服从或好或坏的法律以及由此而来的行为举止。如果法律好，风俗就好；法律坏，风俗就坏；如果法律，不论好坏，没有人遵守，这是社会最坏的现象，那就毫无风俗可言。可是，如果法律自相矛盾，怎么让人遵守呢？看看古往今来各个时代、各个国家，您会发现人们必须遵从三种法律，自然法、民法、宗教法，不是触犯这个，就是触犯那个，因为这三种法律历来相互抵触；因此，就像奥鲁猜测的那样，我们这里既无男人，也无公民，也无信徒；不仅是我们这里，处处如此。

A：也许您可以从中得出结论，如果把道德建立在人与人之间存在的永恒关系上，宗教法就是多余的；民法只应该是自然法的体现。

B：这样有可能会造就更多的坏人，而不是造就好人。

A：或者，如果我们觉得有必要保留三者，后两种法规只能严格地模仿第一种，我们要把第一种法规铭刻在心里，它始终都是最强的。

B：还不准确。我们生来就具有与其他人相似的身体构造、相同的需求，追逐相同的乐趣，厌恶相同的危害。这才是人之所以为人的基础，应该建立适合人的道德。

A：这可不容易。

B：太难了，所以我更愿意相信世界上最野蛮的民族——塔希提人，他们更严格地遵循自然法规，反倒比任何开化民族都更接近好的立法。

A：因为他们摆脱蛮荒比我们向后倒退、矫正过度的管制更加容易。

B：尤其是和男女结合有关的管制。

A：有可能。不过还是从头开始吧，我们来好好考察一下自然，看看它在这一点上怎么答复我们。

B：我同意。

A：婚姻是自然之物吗？

B：如果您说的自然是一个女人偏爱一个男人，胜过其他男人，或是一个男人偏爱一个女人，胜过其他女人；男女互相心仪，因此结合，持续或长或短的时间，通过繁衍子嗣来维持人类的存在，那么婚姻就是自然之物。

A：我和您想的一样，因为这种偏爱不仅体现在人类身上，也体现在其他动物身上，证据就是春天乡野中追逐同一个雌性动物的众多雄性动物，只有一个能获得丈夫的地位。那么风雅殷勤呢？

B：如果您说的风雅殷勤是指激情在男女身上激发的各种各样或激烈或微妙的手法，以获得异性的偏爱，从而获得最温柔、最重要也最普遍的那种欢愉，风雅殷勤就是自然之物。

A：我和您想的一样。证据就是男人为了取悦女人、女人为了激发和维持男人的喜爱所做的各种殷勤体贴。那么调情呢？

B：那是一种谎言，伪装心里没有的激情或是承诺不会给予的偏爱。调情的男人玩弄女人，调情的女人玩弄男人：这不忠的游戏有时会导致可怕的恶果；这可笑的骗术，骗子和被骗者同样受到惩罚，浪费了他们生命中最宝贵的时光。

A：照您这么说，调情不是自然之物啰？

B：我可没这么说。

A：那持久呢？

B：我说不出什么比奥鲁对牧师说的那番话更有道理的话。持久是并不自知的两个孩子可怜的虚荣心，一时的迷乱导致他们看不清身边万物都在变动。

A：那忠诚这种罕见的现象呢？

B：在我们这里，忠诚几乎总是固执，是正派男人和正派女人的苦行；在塔希提，忠诚就是无稽之谈。

A：嫉妒呢？

B：贫乏、吝啬的动物，害怕缺失，就会有这种激情；人身上本不应该有这种感情，这是我们谬误的风俗造成的后果，还把财产所有权扩展到有感觉、有思想、有意志的自由的客体身上。

A：照您这么说，嫉妒不是自然之物啰？

B：我可没这么说。恶习与美德，都在自然之中。

A：嫉妒的人非常阴郁。

B：就像暴君，因为他意识到自己的感情。

A：羞耻呢？

B：您这可是让我上一堂爱情道德课啊。人在欢愉之中不想被人打扰、分神。爱的欢愉之后就是虚弱，会将人置于敌人的股掌之中。这就是羞耻之中自然的成分，其他部分都出自人为规约。

在我没给您读的第三个片段中，牧师说塔希提人毫不为他在妻子身边、在女儿中间时身上所激起的不自觉的活动而脸红，妻子和女儿目睹他的反应，有时会激动，但从不尴尬。一旦女人成为男人的财产，一旦女孩偷偷地寻欢作乐被视为偷窃，就产生了"羞耻、矜持、合乎礼仪"这些字眼，产生了假想的美德与恶习。总之，人们想在两性之间树立障碍，阻止他们互相劝诱、违背人们强加给他们的律令，但效果往往适得其反，因为禁令刺激想象、激发欲望。每当我看到我们宫殿周围种植的树丛，对女人胸部半遮半掩的露胸衣，似乎就看到了返回森林的隐隐心愿，看到了回到我们古老居所那种天生自由的召唤。塔希提人会对我们说："你们为什么遮遮掩掩？有什么好害臊的？你听从自然最庄严的冲动，有什么错？男人，如果你心悦，就大大方方地站出来；女人，如果你心仪这个男人，就大大方方地接受他。"

A：我这样说请您不要气恼。虽然我们是从文明人开始，但往往像塔希提人那样告终。

B：是的，这些惯例的预先规约就消耗了聪明人一半的生命。

A：我同意；不过，如果您刚才所反对的、人的精神中有害的冲动也同样被减缓了，这有什么关系呢？有人问我们今天的一个哲学家，为什么是男人追求女人，而不是女人追求男人？他答道：向能够给予的人提出要求，这很自然。

B：我一直觉得这个理由只是巧妙，但并不坚实。我们可以说自然是不识礼仪的，本能地把一个性别推向另一个性别，推向人自认为的原始野蛮状态,其实这种状态在任何地方都不存在……

A:在塔希提也不存在吗?

B:不存在……男女之间的距离是靠两个人之中爱得更深的那一个来跨越的。他们之所以等待、逃避、追逐、躲闪、进攻和防卫,是因为爱的激情在进展之中起伏不定,在他们身上没有施加同等的效力。因此,当柔情蜜意在一方蓬发、燃烧又熄灭之时,在另一方却刚刚萌芽,两个人都郁郁不乐。这就是两个自由无邪的年轻人的真实情形。不过,如果女人有经验,或者得到教导,知道甜蜜一刻之后多多少少残忍的后续,一看到男人靠近就会心惊胆颤。男人倒不会心惊,只听从感官的命令。女人的感官作解释,她却害怕听。男人要做的就是逗她开心、让她不要害怕、迷惑她、引诱她。男人保存着对女人的自然冲动,那女人对男人的自然冲动呢?用数学家的话说,和激情成正比,和害怕成反比。在我们的生活里,冲动受到各种各样的因素影响,这种种因素几乎全都增加一方的胆怯、延长另一方追求的时长。这是一种战术,一方的抵抗方法和另一方的攻击手段势均力敌。我们推崇女人的抵抗,把男人的暴力称为无耻;在塔希提,这种暴力顶多是轻微的侮辱,在我们的城市里却是罪恶。

A:这样一种目标庄严、自然强烈吸引我们去做的行为,这种最强烈、最甜蜜、最无辜的乐趣,怎么就变成了我们最丰沛的堕落和罪恶之源呢？

B：奥鲁已经多次向牧师说明了，再听听他的话，尽量记在心里。

是因为男人的统治欲，把占有女人变成了一种财产所有权。

是因为风俗习惯，让男女结合负载了过多的条件。

是因为民法，把婚姻变成了无穷无尽的程式。

是因为我们社会的性质，财富与地位的多样性规定了各种礼仪与不合礼仪的行为。

是因为所有现存社会共有的奇怪矛盾，生出一个孩子，对于国家来说是增加财富，对于家庭却是助长贫困。

是因为统治者的政治观点，把一切都与他们自己的利益和安全联系起来。

是因为宗教机构给不带任何道德色彩的行为都加上恶习或美德的名号。

我们离自然与幸福多么遥远！自然的统治是无法摧毁的，我们设置再多障碍都是徒劳，它一定会持续。你们尽管把睿智的马可·奥勒留的箴言篆刻在青铜板上吧，说两副大肠肉欲的摩擦是罪恶；你们的铭文充满威胁，自身的倾向又诱惑强烈，人的心在两者之间都要被碾碎了。不过，这颗不顺从的心会不断地抗议；在一生当中，你们可怕的字眼常常会在我们眼前消失。你们尽管刻在石碑上："你不准吃雀鸟，也不准吃兀鹰；

你只能认识你妻子；你不准和你的姐妹结婚。"你们不要忘了加重惩罚，禁令越奇怪，惩罚就越严厉；你们变得越来越残酷，却无法让我违背自然的天性。

A：如果我们严格地依照自然立法，各国法律该多么简短啊！人能避免多少谬误与恶习啊！

B：您想知道我们所有苦难的简史吗？以下就是：本来有一个自然的人，人们在这个人身上放进了一个非自然的人，于是在这洞穴之中产生了无休止的内战。有时自然人占上风，有时他被不自然的道德人压倒；不管在哪种情况下，他都被拉扯、折磨、绑在车轮上承受酷刑；他不断地悲叹，不断地愁苦，不是被一种虚假的荣誉感所鼓舞、陶醉，就是被一种虚假的耻辱所限制、打倒。不过，也有极端的情况，让人能够返璞归真。

A：贫苦和病痛，是两大驱邪者。

B：您说对了。的确如此，这些强行规定的美德会变成什么样呢？在贫苦之中，男人无反悔之心；在病痛之中，女人无羞耻之心。

A：我发现了。

B：还有另一个现象，也许您也发现了。人回到不自然的道德人状态，是步步紧随从病痛到康复、从康复到健康的步伐的。病弱的状态一停，人内在的战争就重新开始，而且几乎总是入侵者占上风。

A：确实如此。我自己也感觉到在康复过程当中，不自然人的道德完胜自然人。不过，请您告诉我，到底是应该教化人,还是任他听从自己的本能?

B:必须明确回答吗?

A:请吧。

B:如果您想当统治者,那就教化他们,尽力用违背自然的道德毒害他们;给他们设置各种各样的限制,用无数障碍限制他们的活动,让他们幽灵附体、恐吓他们,让洞穴中的战争永不停息,让自然人自始至终被铐在道德人的脚边。如果您想让他幸福、自由,那就不要干涉他,不可预知的事件足以将他导向智慧、导向堕落;一定要记得,那些聪明的立法者塑造您、摆弄您、让您变成现在的样子,不是为了您,而是为了他们。我控诉的是所有的政治、民事和宗教机构,您去看看这些机构的内幕;要么是我大错特错,要么是千百年来人类都被一小撮骗子锁在他们强行套上的枷锁之中。要当心那些想要建立秩序的人。建立秩序,就是要限制别人、让自己当别人的主人。卡拉布里亚人差不多是现在仅有的自由人,立法者阿谀奉承也没能给他们强加秩序。

A:那你欣赏卡拉布里亚那种混乱状态吗?

B:我依靠经验来判断,我担保他们的野蛮不如我们的文明那么罪恶。在我们这里,多少卑鄙无耻的勾当伴随着穷凶极恶、骇人听闻的大罪!我觉得野蛮人就像分散的、相互隔离的弹簧。有时候这些弹簧互相碰撞,其中的某一个或者碰撞的双方都会震断。为了防止这样的麻烦,一个极具智慧与才能的人就把弹簧聚集起来、组装成一台机器。在这台被称为社会的机器里，所有的弹簧都在互相撞击、反弹，无休无止地劳累。在这种法制的状态下，一天之中震断的弹簧比自然和混乱状态下一年中震断的弹簧还要多。这些庞大的机器，有两个、三个或四个互相猛烈地撞击时，发出了怎样的巨响，造成了怎样的灾难啊！损失了多少小弹簧啊！

A：这么说您更欣赏原始、野蛮的自然状态了？

B：坦白说，我不敢明说；不过我知道，我们见过城里的人脱掉衣服、返回丛林，但从未见过丛林居民穿上衣服、住进城里。

A：我经常会想，每个人行善与作恶的总量是不同的，但是任何一种动物的幸福或不幸都有不可逾越的界限，也许我们的努力最终带给我们的好处和坏处是同样多的。我们为了让等号两边的成分增长煞费苦心，而两者从来都必须对等。不过，我相信文明人的平均寿命比野蛮人的平均寿命要长。

B：如果机器的使用期限和它的劳作强度不成正比，您怎么解释？

A：我觉得无论如何，您倾向于认为人的文明程度越高，他们就越坏、越不幸。

B：我没法走遍世界每个角落；我只是要提醒您，只有在塔希提，人才感到幸福，只有在欧洲的一个角落，人的命运才能够忍受。在那里，唯恐失去自身安全的多疑主人们忙着把他们的国土保持在你所说的粗野状态。

A：威尼斯应该也能算上？

B：也算吧。至少您不能否认，在威尼斯没有那么多常识智慧，没那么多人为设定的道德，也没那么多莫须有的恶习与美德。

A：我真没想到您会这样称赞威尼斯政府。

B：因为我没有称赞。我只告诉您这是对于人民遭受奴役的一种补偿，所有游客都感觉到了，而且大加赞赏。

A：可怜的补偿！

B：也许吧。希腊人驱逐了在墨丘利之琴①上添上一根弦的人。

A：这种反对是在毫不留情地讽刺最初的立法者。早在装上第一根琴弦的时候，就该把它切断了。

B：您理解我的意思了。只要有琴，就会有弦。一旦自然的愿望被复杂化，就只能指望看到恶毒的女人。

A：就像雷梅太太②。

---

① 在古希腊神话中，墨丘利发明了里拉琴，用乌龟壳制成。
② 雷梅太太与下文中出现的几个人物均为狄德罗中篇小说《这不是故事》和《拉卡利埃尔夫人》中的人物。《这不是故事》《拉卡利埃尔夫人》和《〈布干维尔游记〉补遗》构成狄德罗道德故事三部曲，表达的共同思想是人的行为本身并无道德含义，道德意义是人为添加的。《这不是故事》包含两则故事，第一则讲达尼埃爱上了唯利是图、贪得无厌的雷梅太太，为了她远游十多年、寻求发家致富，但她有众多情人，只是为了钱而和达尼埃共同生活。第二个故事讲德·拉梭小姐深爱加岱耶，为他抛弃一切，在艰苦的生活中不离不弃，加岱耶却无缘无故抛弃了她。

B：还有冷酷的男人。

A：就像加岱耶。

B：还有一无是处的可怜人。

A：就像达尼埃、拉梭小姐、德罗什骑士，还有拉卡利埃尔夫人。

当然，我们在塔希提找不到像前两个那么恶毒的人，也找不到像后三个那么可怜的人。那我们要怎么做呢？回归自然？还是服从法律？

B：我们要反对荒唐的法律，直到改变法律；在此之前，我们只能服从法律。如果有人运用个人的权利，触犯不好的法律，就是允许别人触犯好的法律。在疯人群里当疯子，比在疯人群里独自清醒要好。我们可以私下说，也可以不断呼喊：我们把羞耻、惩罚和卑鄙加在了本身无辜的行为之上；但是不要去评论，因为羞耻、惩罚和卑鄙是恶中之恶。我们要像忠厚的牧师那样，在法国当修士，在塔希提当野蛮人。

A：入乡随俗，也不忘本色。

B：特别是面对那些能够造就我们幸福的脆弱的人，要小心翼翼地保持正直与真诚，也不要放弃我们社会最珍贵的优点。还有雾吗？

A：雾散了。

B：那今天下午，我们可以选择外出还是待在家里？

A：我们说了不算，女士们说了才算。

B：总是女士们！我们在路上每走一步都会碰到她们。

A：如果我们把牧师和奥鲁的谈话告诉她们，会怎么样？

B：您觉得她们会怎么说？

A：我一点都不知道。

B：她们会怎么想？

A：也许和她们说的相反。

哲学家与某某元帅夫人的谈话[*]

龚觅/译

* 本文记叙的谈话并非虚构或假托,它发生在一七七一年,地点是巴黎的布罗伊公馆。维克多-弗朗索瓦·德·布罗伊公爵(Victor-François de Broglie,1718—1804),法国世袭贵族,路易十五和路易十六时代的法国元帅,一七八九年之后曾加入反法联军一方与大革命时期的法国作战,他的第二任妻子(Louise-Augustine Salbigothon Crozat de Thiers,1733—1813)大革命后随丈夫流亡德国。狄德罗对这位贵妇人评价很高,认为她直言不讳的气质和对宗教的虔诚让人联想到拉斐尔最美丽的圣母肖像。这场谈话后三年,狄德罗在荷兰海牙撰成此文。在某些流行的版本中,对谈双方为意大利诗人托马索·克鲁代利(Tommaso Crudeli,1702—1745)和一位威尼斯贵妇,但这只是一出"假面舞会",因为克鲁代利早在一七四五年就已经过世,离真实的背景差得太远。现据保罗·韦尼埃尔所编《狄德罗哲学文集》(*Œuvres philosophiques de Diderot*,Éditions Garnier Frères,1964)译出中文,对话者据此版本定为狄德罗本人和元帅夫人,原文中隐去了女主角的真实姓名,仅保留头衔。

因为有一件说不清来由的事情需要和某某元帅讨论,在一天早晨,我上他的公馆登门拜访。元帅正巧不在,我便让门房替我向元帅夫人通报。夫人是一位极有魅力的女士,像天使一样美丽而虔诚,脸上总是浮现出温和雅致的神情,而她的嗓音与她语言中透出的天真烂漫,也恰如其分地与其容貌相称。夫人正在梳妆。仆人递给我一把椅子,我便在她身边坐下,开始与她攀谈。听到我的一番言论,夫人大受触动,感慨不已(因为她总是认为,所有否认神圣的三位一体的人都是罪无可赦的恶棍,只配在绞刑架上了此一生),于是便问了我下面的问题:

元帅夫人:您是狄德罗先生吗?

狄德罗:正是,夫人。

元帅夫人:那么,那位没有信仰的人,便是您了?

狄德罗:是我。

元帅夫人:然而您的道德符合一个信徒的标准。

狄德罗：如果一个人不失为君子，那他的道德为什么会与信徒相悖呢？

元帅夫人：这样的道德，您会身体力行吗？

狄德罗：我会竭尽所能。

元帅夫人：什么！您不偷盗，也不杀戮，也不抢劫吗？

狄德罗：我罕有此类恶行。

元帅夫人：那么，您不信神，到底能从中得到什么利益呢？

狄德罗：什么也不能得到，夫人。难道我们有所信仰，是因为有利可图的缘故吗？

元帅夫人：我不知道，可是有逐利之心并不会害事，不管在这个世界还是另一个世界，都是如此。

狄德罗：这正是我对我们可怜的人类感到恼火的地方。我们配不上更好的命运。

元帅夫人：怎么，您从不偷盗吗？

狄德罗：从不，我发誓。

元帅夫人：如果您不信神，同时既不是小偷也不是杀人犯，那么至少您得承认，您不是始终如一的。

狄德罗：为什么会这么说？

元帅夫人：因为在我看来，如果在我离开人世的时候，心中既没有希望，也无所畏惧，那么在这尘世里，就总有一些小小的快乐是让我恋恋不舍的了。我承认，如果没有信仰，那么即使是上帝找我借钱，我也是会索要短期的利息，不忘现世的回报的。

狄德罗：这是您的想象。

元帅夫人：这绝不是想象，是事实。

狄德罗：我是否可以请教您，假如您不信神，那么您会允许自己做出哪些事来？

元帅夫人：不，请别这么问，这些事我只有在忏悔时才能讲出来。

狄德罗：换了我，我会不管不顾，孤注一掷的。

元帅夫人：这好像乞丐输红了眼。

狄德罗：您是不是更喜欢放高利贷呢？

元帅夫人：是啊，只要愿意，我们总是可以向上帝放高利贷，他破不了产的。我知道这么做太不得体，可是又有什么关系呢？既然现在是要和老天爷斗智斗勇，那么什么都得算计进去，一点点赚头都不可以丢弃。唉，到头来可能也是一场空欢喜，不过和我们满心期盼得到的好处比起来，我们的赌注倒是不值一提。至于您，您不期盼得到什么吗？

狄德罗：我什么也不期盼。

元帅夫人：这真让人难过。您至少得承认，您要么是个十足的恶人，要么就是个疯子。

狄德罗：说真的，我可不会承认，夫人。

元帅夫人：一个不信神的人，如果不是个疯子，那他到底有什么理由去做个好人呢？我真想知道。

狄德罗：我正要告诉您其中的缘故。

元帅夫人：这让我感激不尽。

狄德罗：难道您不认为，人生而如此幸运，以至于以行善为巨大的快乐吗？

元帅夫人：我的确这样认为。

狄德罗：您也认为人可以接受卓越的教育，用来加强他心中向善的本性？

元帅夫人：毫无疑问。

狄德罗：同样您也认为，人到了成熟的年龄，经验能够说服我们，让我们相信为了自己在这个世界上的幸福，无论如何应该做个好人，而不是当一个恶棍？

元帅夫人：当然，可是，怎么才能做一个好人呢，既然这世上有恶的道德与人的情欲掺和在一起，诱导我们作恶？

狄德罗：人往往不能始终如一。做事没有定数，世上再没有比这更常见的事情了！

元帅夫人：唉，世事不幸正如您所说。有些人信神，可他每天做事的方式恰恰像一个不信神的人。

狄德罗：不信神，也可能做起事来和信徒相似。

元帅夫人：好极了，不过即便如此，行善之人多听听宗教劝善的道理，又有何不可呢？作恶之人少听听鬼神渺渺之类的说法，好心存敬畏，又有何不可呢？

狄德罗：如果宗教是劝人行善，不信神是驱人作恶的，那自然没有什么不可。

元帅夫人：这难道还会有什么疑问吗？宗教精神是为了抵制人性被腐蚀之后的罪恶，不信神则让人无所敬畏，肆意妄为，这么说难道不对吗？

狄德罗：夫人，这个问题会把我们扔进一场无休无止的讨论。

元帅夫人：这有什么关系呢？元帅不会很快回来的。让我们谈一谈理性吧，这比说别人的坏话要好。

狄德罗：既然如此，我需要从头讲起。

元帅夫人：您无论从哪里讲起都好，只要我听得懂您的道理。

狄德罗：如果您听不懂，那一定是我的错误。

元帅夫人：您这么讲太客气。不过您得知道，我向来只读我的经书，除了按福音书的教导做事以及生育小孩，我也不会太操心别的事。

狄德罗：这两桩义务，您都履行得非常完美。

元帅夫人：说到小孩，的确如此。您已经看到我身边有六个孩子，过些时候，您还能看到我膝头抱着下一个。不过，我现在洗耳恭听您的高论。

狄德罗：元帅夫人，在这世上，可有什么善行是没有坏处相随的？

元帅夫人：没有。

狄德罗：有什么恶行，连一点好处也没有呢？

元帅夫人：没有。

狄德罗：那么，您觉得善和恶到底是什么呢？

元帅夫人：恶，就是坏处胜过好处；善，正好相反，带来的好处超过坏处。

狄德罗：善和恶的这种定义，夫人可愿记住它们吗？

元帅夫人：我会记在心里的。您把我说的叫作"定义"？

狄德罗：没错。

元帅夫人：那么这也算得上哲学？

狄德罗：最好的哲学。

元帅夫人：啊，我研究了哲学！

狄德罗：照这么说，您相信宗教的好处胜过它的坏处，因为这个缘故，您把宗教称为善？

元帅夫人：是这样。

狄德罗：至于我，我绝不会怀疑，您的管家伸手偷起东西来，在复活节前比在节后要更有节制；我也不会怀疑，宗教时不时地会制止一些小小的恶行，让人做下不少善事。

元帅夫人：善总是积少成多。

狄德罗：然而您是否认为，因为有了这些微不足道的好处，宗教过去、将来造成的可怕灾难，就都得到了足够的弥补呢？您想一想，宗教在各民族之间已经造成了最强烈的仇恨，而且还会把它延续下去。世上没有一个穆斯林不想为了真主和先知消灭所有的基督徒,而说到基督徒,他们其实也并不比穆斯林更加宽容。您想一想,宗教在一个地区造成了种种对立,并且还要延续它们,这些对立如果不流血就难以平息。在这方面,我们的历史提供的例子实在太悲惨,离我们也太近。您再想想,宗教在社会的公民们中间,在家庭的成员中间,又播撒、延续了多少最强烈、最难以消除的仇恨。基督说过,他来到世间是为了把夫妇、母子、兄弟姐妹和朋友们分隔开,① 他的预言竟然如此忠实地变成了现实。

元帅夫人:这是对宗教的滥用,可事情的本相并非如此。

狄德罗:事情的本相就是如此,既然宗教注定伴随着对它的滥用。

元帅夫人:您怎么能向我证明,对宗教的滥用总是和它本身分不开呢?

狄德罗:这太简单了。您告诉我,如果一个愤世嫉俗的人想祸乱人间,他还能有什么更奸诈的手段,除了想出这样一种信仰,让人们拜倒在一个根本无法理解的存在面前,对这个存在人们从来无法达成共识,但他们又将其看得比自己的生命还重要?这个神圣的存在总是和最深沉的神秘性和至高无上的重

---

① 参见《马太福音》(10:34—35):"你们不要想我来,是叫地上太平;我来并不是叫地上太平,乃是叫地上动刀兵。因为我来,是叫人与父亲生疏,女儿与母亲生疏,媳妇与婆婆生疏。"

要性纠缠在一起,我们有没有可能把它们分离、解脱开来?

元帅夫人:不能。

狄德罗:那么您就能得出结论了。

元帅夫人:我的结论是,这样的思想在疯子的头脑里会掀起滔天巨浪。

狄德罗:还得加上一句:无论过去还是将来,疯子总是人群中的大多数;还有,最危险的人是被宗教塑造的人,那些伺机扰乱社会的人总会利用他们。

元帅夫人:可是,如果人们行恶,而这些恶行,即便有严刑峻法也无法制止,那么世间就不能不有某种东西让恶人们感到畏惧。如果您摧毁了宗教,您能拿什么去替代它呢?

狄德罗:即使我没有替代宗教的东西,那也不过是去掉了一个可怕的偏见。再说,究竟在哪个时代,在哪个国家,宗教观点曾经做过民族风俗的基础呢?古希腊人和古罗马人是世上最有教养的民族,可他们尊崇的神祇是最放荡荒淫的恶棍:朱庇特该上火刑架,维纳斯该送去收容院,墨丘利该进教养所。[1]

元帅夫人:在您眼中,我们做基督徒还是异教徒是完全无

---

[1] 巴黎总收容院(Hôpital général)和比赛特尔教养所(Bicêtre)分别成立于一六八四年和一六三三年,前者的宗旨是强制收容那些"伤风败俗"的女子,后者则兼具残废军人休养院、监狱、收容所的功能,同时收容、关押罪犯和所谓精神疾病患者。

所谓的。做异教徒,我们并不因此低人一等;做基督徒,我们也并不更高贵。

狄德罗:确实,我对此深信不疑,只要我们能够更快乐就好。

元帅夫人:这是不可能的。

狄德罗:但是,元帅夫人,世上真有基督徒吗?我一个也未曾看见。

元帅夫人:您是在对我说吗?对我?

狄德罗:不,夫人,这话不是对您说的,是对我的一位女邻居,她为人正派,信仰虔诚,就像您一样,她觉得自己是这个世界上最坚定的基督徒,这点和您也一样。

元帅夫人:结果您让她明白了这是她的幻觉?

狄德罗:这用不了多少时间。

元帅夫人:您是怎么做的呢?

狄德罗:我打开一本《圣经·新约》,这是她用惯了的,因为书磨损得很厉害。我为她读了"登山宝训",每读一条,我都会问她:"您会这么做吗?这一条呢?还有这一条呢?"还不止这些。她长得很漂亮,尽管她十分虔诚地信仰上帝,这并不妨碍她清楚自己的美貌。她肤色极白,虽然对这个小小的优点她并不以此自矜,但听到别人赞美自己,她也不会感到恼火。再也没有谁的胸脯比她的更美,尽管她为人谦逊,但如果别人注意到这一点,她也会很高兴。

元帅夫人：但愿只有她和她的丈夫知道这一点。

狄德罗：我想她的丈夫比其他人更知道这一点。不过对于一位以信仰伟大的基督教而自豪的女士来说，这一点还是不够的。我对她讲："福音书不是说了吗，凡是觊觎邻人的妻子的，他心里先就犯下了奸淫。"①

元帅夫人：她回答您说"是"？

狄德罗：我又问她："心里犯下的奸淫，是不是和实实在在的奸淫一样，都一定要罚人进地狱？"

元帅夫人：她还是回答您"是"？

狄德罗：我又问她："如果人因为心里犯下奸淫就要被罚入地狱，那么一个女人勾引接近自己的人犯奸淫，她又当如何？"这最后一个问题让她感到局促不安。

元帅夫人：我明白了，她感到不安，是因为她没有很好地遮掩自己的胸脯，世上再也没有谁的胸脯比她更美了。

狄德罗：是这样。她回答我说，这样的打扮不过是因循习俗，说到这个，大概再也没有什么比自称基督徒而实则反其道而行之更符合习俗了；她又说穿着不可太随意荒唐，就好像一个行事荒唐的可怜小坏蛋和那犯奸淫的邻人是一丘之貉，都要被罚永世不得超生；她又讲她不过是听任裁缝来打扮自己，仿佛如果要换一个裁缝，简直就和背弃自己的宗教一样要紧；最

---

① 参见《马太福音》(5：28)："只是我告诉你们，凡看见妇女就动淫念的，这人心里已经与她犯奸淫了。"

后她又说，敞开胸脯是因为她的丈夫异想天开，仿佛即便这个丈夫荒唐到要求妻子不必一味端庄得体，也不必时时履行她的种种责任的地步，一位真正的女基督徒仍然应该坚决服从这位怪诞的夫君，即便违背上帝的意愿，无视救世主的告诫也在所不惜！

元帅夫人：这些幼稚可笑的话我本来就是知道的，换了我，大概也会和您的女邻居说差不多的话，不过那样一来，她和我就都是在欺人了。不过，有了您的告诫，她到底作何打算呢？

狄德罗：在我们谈完话的第二天（那天是个节日），我往自己家里走，正遇见那位虔诚而又漂亮的女邻居要出门去做弥撒。

元帅夫人：她穿得和平时一样吗？

狄德罗：穿得和平时一样。我对她微笑，她也报以微笑。我们擦肩而过，可并没有交谈什么。元帅夫人，这是一个正直的女人，一个基督徒，一个真正的信徒！看到她的例子，还有成百上千和她一样的人，我还能相信宗教对风俗有什么影响力吗？大概是毫无影响的，可这样更好！

元帅夫人：怎么，这样更好？

狄德罗：是的，夫人，如果有两万个巴黎人一时兴起，竟然都一丝不苟地按照基督的"登山宝训"行事……

元帅夫人：啊！那一定会有很多美丽的胸脯被遮得更

严实。

狄德罗：那一定疯子满街跑，而警察总监一定会手足无措，因为我们的疯人院可不够用了。在世上受神灵启示写下的书中，有两类道德：一类是对一切民族都适用的、公共的道德，世人大体可以遵循它；另一类道德针对的是一个个具体的民族和信仰，人们相信它，在庙堂里宣讲它，在家庭里颂赞它，可绝不会照它行事。

元帅夫人：为什么会有这种怪事呢？

狄德罗：因为一个民族不可能屈服于少数秉性忧郁的人按照自己的性格复刻出来、并且也只适合他们自己的法则。世间有些宗教制度严苛，不近人情，与修道院里的风气无异，但随着时间的推移，它们不可避免地会松弛瓦解。那些疯狂的行为经不起自然之道日复一日的冲击，而我们终究会被自然带回它的王国。我们做事，应该让每个人的私利与公众的利益紧密结合起来，让每个公民都无法伤害社会，否则就要付出令他自身受到伤害的代价。要让善有善报，就像您让恶行得到它应有的惩罚一样。说到一个人立下的功绩，不管这个人的信仰是什么，不管他所处的境况是什么，对国家有功就应该得享高位。有少数人心性不良，无可救药，作恶多端，对他们不可心存侥幸，就像不可信任其他的恶人一样。元帅夫人，世上的诱惑离我们太近，而地狱又是那么遥远：对那些只能欺骗小孩子的奇谈，对那些声称犯了罪总能得到救赎因而为恶行大开方便之门的怪论，对那些让侮辱伤害了别人的罪犯向上帝祈求宽恕，损毁自然的、道德的责任，使其屈从于种种虚幻不实的价值的邪说，千万不要相信，一个贤明的立法者，在这上头是绝不会劳神费心来收拾残局的。

元帅夫人：我听不懂您说的话。

狄德罗：我会解释的，不过好像元帅的马车回来了，他到的正是时候，正好阻止我说蠢话。

元帅夫人：您尽管放言高论，我听不到的。我已经习惯了，只会听到自己爱听的话。

狄德罗（走上前去，在她耳边低声说道）：问一问您的堂区的助理司铎——往圣器里撒尿，或者诋毁一位正派女士的声誉，这两个罪行里究竟哪一个更加不能让人容忍呢？他一定会为第一桩罪行气得发抖，斥之为亵渎神灵；说到世间的法律，它是不懂得什么叫作诽谤的，可出了亵渎宗教的事，却会用火刑来惩罚，这种法律只会搅乱人心，腐蚀人们的精神。

元帅夫人：我知道不止一位女士，她们在星期五是会谨守斋戒，不进肉食的，她们……啊，我也要讲蠢话了。您继续讲吧。

狄德罗：可是，夫人，我还是应该直接对元帅讲。

元帅夫人：稍等一等，我们一起去见他。我不太知道该怎么回答您，可是您并没有说服我。

狄德罗：我从没有想过要说服您。宗教就好像婚姻。在你们婚嫁之时，总有许多人为之神伤，可成就了您和元帅的幸福姻缘，你们真是天作之合。宗教，无论是过去、现在还是将来，都制造了这么多恶人，可它让您变得更好，您就该把它保存好。对您来说，一想到在您身旁，在您头顶的天空，有一个伟大的、强有力的存在，他注视着您在大地上行走，您的步伐就会更加坚定。夫人，他是您的思想的庄严的担保者，是您的生活的旁观者，是您的行动的崇高的榜样，您就该继续拥有他。

元帅夫人：在我看来，您倒是没有给人灌输思想的癖好。

狄德罗：完全没有。

元帅夫人：那我更加敬重您了。

狄德罗：我允许每个人按他自己的方式去思想，只要别人不干预我自己的思想方式。再说，那些能够以摆脱偏见为己任的贤者，根本不需要别人向他们传教说法。

元帅夫人：您相信人能够摆脱迷信吗？

狄德罗：只要人是无知的，对世界充满恐惧，他就做不到这一点。

元帅夫人：啊，这世上除了迷信还是迷信，莫要五十步笑百步。

狄德罗：我不这么看。

元帅夫人：请对我说实话，如果您死后万事皆空，难道您就不对此感到反感？

狄德罗：我倒宁愿有来生，虽然我不知道，真的到了来生，这个无缘无故让我生前不幸的存在，为什么就不会再一次从我的苦难里取乐。

元帅夫人：就算有这样的担忧，可是，如果对来生的期盼让您感到安慰和宁静，那我们为什么要放弃这个希望呢？

狄德罗：我没有这样的奢望，就算有这样的欲望，也不能让我摆脱来世虚幻的想法，可是我也不会剥夺别人的希望。如果我们相信人没了双眼还能看见，没了耳朵还能听见，没了脑袋还能思想，没了心还能去爱，没了感知还能触摸；如果我们相信人可以凌空蹈虚，既无肉身形体，也无空间处所，却还分明存在，那我无话可说。

元帅夫人：可是这个世界，是什么造就了它呢？

狄德罗：我正要请教您。

元帅夫人：是上帝。

狄德罗：上帝是什么呢？

元帅夫人：是一种精神。

狄德罗：如果精神能够创造物质，那为什么物质不可以创造精神呢？

元帅夫人：为什么物质要创造精神呢？

狄德罗：因为我看见物质每天都在这么做。您相信动物也有灵魂吗？

元帅夫人：当然，我相信。

狄德罗：那么，您是否能够告诉我，当一条秘鲁的巨蛇被悬挂在壁炉里烟熏火燎，一挂就是一两年，最后彻底枯干的时候，这条蛇的灵魂会经历什么呢？

元帅夫人：它愿意变成什么都行，这关我什么事呢？

狄德罗：您会这么说，是因为夫人您不知道这条被熏干的蛇是会苏醒、重生的。

元帅夫人：我绝不相信这一点。

狄德罗：这可是由一位聪明人，大学者布格[①]保证过的。

元帅夫人：您的聪明人一定撒谎了。

狄德罗：假如他说的是真话呢？

元帅夫人：那我就不会再认为动物只是机器。

狄德罗：这么说起来，其实人也不过是更完善一点的动物……不过，说到我们的元帅……

元帅夫人：还有一个问题，这是最后一个问题。您不信神，真的能够为此感到心安理得吗？

狄德罗：简直不能更心安理得了。

元帅夫人：那么，万一您错了呢？

狄德罗：您会假设我弄错了？

元帅夫人：假如所有您认为是错误的东西其实都是对的，那么您就该被罚进地狱了，狄德罗先生，进地狱是多么可怕的

[①] Pierre Bouguer（1698—1758），法国数学家、物理学家、地理学家，据说秘鲁巨蛇的传闻首先是他在《地形学》一书中提及的。

事情啊，会永远受焚身之苦，没完没了地受苦。

狄德罗：拉封丹倒是认为，我们在地狱里会如鱼得水的。

元帅夫人：是啊是啊，可您的拉封丹在人生的终点还是正经起来了，而那也正是我期待您的地方。

狄德罗：如果我的头脑都不存在了，我也无法向您允诺什么。不过，就算我到了病入膏肓的一天，我的最后时刻也是会完全清醒理智的，在您对我有所期待的那一刻，我绝不会比现在您注视着我的这一刻更加迷失。

元帅夫人：您的勇敢倒是让我无言以对了。

狄德罗：假设有这样一位严厉的审判者，他能洞悉我们内心最隐秘的思想，在他的天平上，如果某位最正直的人并不为自己分量太轻而感到担心，那么他就会因为虚荣心而迷失自我；如果有人在生命的尽头恰恰信仰这位严厉的审判者，那我倒会在他身上看到更大的勇气；如果更进一步，这个垂死之人明明可以选择匍匐在神的脚下，抑或挺身迎接神的审判，而他却在第一种选择面前犹豫不决，那么他的勇气就更加让我惊讶了，除非他本来比圣布鲁诺[①]的同伴更疯狂，比柏博拉[②]更沉醉于自己的功德。

元帅夫人：我读到过圣布鲁诺的同伴的故事，不过从来没

[①] Saint Bruno（1030—1101），生于科隆，查尔特勒修会的创立者。
[②] 原文为 Bohala，应为波兰耶稣会修士安德烈·柏博拉（Andrew Bobola，1591—1657）之误，一九三八年获罗马天主教廷封圣。

有听说过您提到的这位柏博拉。

狄德罗：这是一个耶稣会会士，住在立陶宛的平斯克城，他死的时候留下了一匣子银钱，还有一张带有他亲手签名的纸条。

元帅夫人：一张纸条？

狄德罗：纸条上写着这样的话："在此我拜托我亲爱的教友，保管这个匣子的人，当我未来显示神迹的时候，不要忘记打开它。匣子里的银钱要用来支付我被列入圣人的费用，我还在此附上几份可靠的回忆录，足以证明我的德行，将来有人要写我的传记，用得着这些材料。"

元帅夫人：这些话简直笑死人。

狄德罗：对我来说是这样，元帅夫人；可对您来说，您的上帝可不会把它当笑话来听。

元帅夫人：您讲得有道理。

狄德罗：元帅夫人，要大大触犯您的律法，是多么容易的事。

元帅夫人：我同意您的话。

狄德罗：该由正义来决断您的命运，正义是十分严格的。

元帅夫人：是这样。

狄德罗：按照您的宗教的谕示，上帝的选民总是屈指可数的，如果您相信它的话。

元帅夫人：啊，我不是冉森派教徒，我看事情的反面，也只看其中让人愉悦的一面：基督流下的血遮住了我大部分的视野。魔鬼不肯让他的儿子去死，倒占了天大的便宜，①这件事在我看来是不可思议的。

狄德罗：诅咒苏格拉底、福基翁、阿里斯提德、加图、图拉真和马可·奥勒留下地狱，您会做这样的事吗？

元帅夫人：什么话！只有像动物一样粗野的人才会这么想。圣保罗说过，每个人都该由他自己的律法来审判。圣保罗的话是对的。

狄德罗：那么，不信神的人，又该由什么律法来审判呢？

元帅夫人：您的情况不一样。您有点像那被诅咒的哥拉汛和伯赛大的居民，他们把眼睛闭起来，不肯看启示他们的光明，把耳朵堵塞起来，不肯听真理的声音向他们说话。②

狄德罗：元帅夫人，这些哥拉汛人和伯赛大人，如果他们能自己做主，决定去信还是不信，那么他们不就是世人普遍的样子吗？

元帅夫人：他们看到了神迹，这些神迹如果被行在推罗和西顿，早就让人披麻蒙灰悔改了。

狄德罗：这是因为推罗和西顿的人是有智慧的，而哥拉汛

---

① 参见《哲学思想录》"附录"第十五条："如果有十万人下地狱，仅一人可以得救，那么魔鬼一直占着便宜，因为他没有让儿子去死。"
② 参见《路加福音》（10：13）："哥拉汛哪，你有祸了。伯赛大啊，你有祸了。因为在你们中间所行的异能，若行在推罗西顿，他们早已披麻蒙灰坐在地上悔改了。"

和伯赛大的人不过是一些蠢人。不过，造物主让世间诞生这些蠢人，难道会因为他们的愚蠢而惩罚他们吗？[①] 刚才我给您讲了一段历史，现在我想再讲一个故事。话说有一位年轻的墨西哥人……元帅在哪里？

元帅夫人：我会让人去看看他什么时候能够会客。啊，您的墨西哥人怎么啦？

狄德罗：他厌倦了自己的工作，有一天，漫步到了海边。他看见一条供人上下船的跳板，一头泡在水里，一头架在岸上。于是他坐到跳板上，目光漫无边际地看着眼前的景色，他对自己说："我明明记得啊，我的老祖母唠唠叨叨讲她的故事，故事说的不知是哪里的人，也不知是在什么年代，他们从海外不知什么地方来到这里。说起来，这好像不合常识，大海和天空不就在我眼前交汇吗？我能够不顾自己的亲身见闻，相信这老掉牙的故事吗？再说这故事的时间也搞不清，什么人都可以胡编乱造，其实就是一大堆荒诞不经的奇谈怪论，可大家还要为它争吵不休，掏心抓眼地厮打。"就在他胡思乱想之际，海水波涛起伏不定，摇晃着跳板，他于是沉沉睡去。当他熟睡之时，海风愈加猛烈，波浪卷走了他身下的跳板，于是我们年轻的沉思者就随波逐流而去。

元帅夫人：唉！这就是我们自己的样子啊。我们每个人都

[①] 参见《哲学思想录》"附录"第十一条："造物主既然不会因为我曾经是个聪明人而奖赏我，也就不会因为我曾经是一个蠢人而惩罚我。"

躺在跳板上，风一起，波浪就会把我们卷走。

狄德罗：当他苏醒过来时，早已远离陆地。谁会惊讶地发现自己置身在大海深处呢？当然是我们的墨西哥人。谁又会感到无比惊诧呢？当然还是他。这时候，四下都是水天相连，方才他还在散步的海岸已经不见踪影。于是他开始怀疑自己是不是想错了，如果风一直这么吹，他也许真的会被推到那远方的海岸，带到他的老祖母经常和他讲起的那群异国居民中间。

元帅夫人：他到底为什么感到不安，您还没有讲呢。

狄德罗：他没有任何不安。他对自己说："只要我能上岸，这一切又有什么关系呢？我就像个蠢人一样想这想那，罢了，可是我对自己是真诚的，谁也不能要求我做得更多了。如果聪明算不上美德，那么缺少智慧也不算罪过。"就在他思前想后之际，风吹个不停，一人一板继续在海上漂流，远方出现了陌生的海岸。他登上了陆地，他到了彼岸。

元帅夫人：我们总有一日会在彼岸重逢的，狄德罗先生。

狄德罗：我也希望如此，元帅夫人，不论我们在哪里相逢，我都以能够向您致意为荣。再说那个年轻人，他一离开跳板，双脚站上岸边的沙滩，便看见一位体面的老人站在他身旁。他向老人询问自己身在何方，对方高姓大名。"我是这里的君王。"老人回答他说。年轻人立刻拜倒在他脚下。"站起来吧，"老人说道，"你曾经否认我的存在？""的确如此。""还否认了我的帝国？""的确如此。""我原谅你，因为我洞悉人们的内心,我也看到在你内心深处的善良;不过,你其余的心思和行为,就不是那么纯净无辜了。"老人一边说一边揪住他的耳朵,提起年轻人生命中所有的过失,每说一桩,年轻的墨西哥人就垂头丧气,拍打着自己的胸脯请求原谅……元帅夫人,请您暂时让自己置身在这位老人的位置,告诉我如果换了您,您会说些什么?您会揪住那位心智失常的年轻人的头发,您会愿意让他永远待在那海岸边吗?

元帅夫人:老实说,不会。

狄德罗:如果您的六个漂亮孩子中的一个,偷偷从父亲家里跑出去,在外面干了一大堆错事,满心懊悔地回到家里来,您会怎样呢?

元帅夫人:如果说我自己,我一定会跑过去,紧紧地拥抱他,满脸泪水地亲吻他;可是元帅,他的父亲就不会这么温柔了。

狄德罗:元帅并不是残暴的老虎。

元帅夫人:当然远远不是。

狄德罗:他大概会左右为难,但最后他还是会选择原谅的。

元帅夫人:毫无疑问是这样。

狄德罗:假如,在生这个孩子之前,元帅就预先知道他的一生,知道即便惩罚他的罪过,也无助于他自己,无助于受害人,无助于他的兄弟,那么元帅更加会原谅他。

元帅夫人:您说的那位老人和元帅是两种完全不同的人。

狄德罗:您是想说元帅比老人更好?

元帅夫人：上帝不允许我这么说！我想说的是，如果我的正义原则不同于元帅，那么元帅的原则也会和那位老人不同。

狄德罗：啊，夫人，您没有想到这个回答会有怎样的后果。要么，关于正义的普遍的定义既适用于您、元帅和我，也适用于年轻的墨西哥人和那位老人；要么，我就根本不知道什么是正义，我也不知道怎么能够让老人满意，或者让他恼火。

我们正好谈到这里，有人来通报说，元帅正在等待我们。我向元帅夫人伸出我的手，她对我说：

元帅夫人：这简直让人头昏脑涨，是不是？

狄德罗：您为什么这么说，我们不是头脑正清醒？

元帅夫人：不管怎样，最好的办法就是人生在世，要假设那位老人是存在的。

狄德罗：即便我们对此并不相信。

元帅夫人：即使我们相信他的存在，也不要过于依赖他的善意。

狄德罗：即便这么做不是最有教养的，至少是最妥帖的。

元帅夫人：对了，如果您必须向我们的法官大人们讲述您的原则，您会一一坦承吗？

狄德罗：我会尽我所能，不要让他们蒙受残酷的打击。

元帅夫人：哦，您真是个懦夫！如果您已经气息奄奄，命不长久，您会让自己屈服于教会的礼仪吗？

狄德罗：我会的。

元帅夫人：啊，您真是个卑鄙的伪君子！

Denis Diderot
La promenade du sceptique

All rights reserved
All adaptations are forbidden.

图书在版编目(CIP)数据

怀疑论者的漫步/(法)德尼·狄德罗著;龚觅,王斯秧译;罗芃主编.—上海:上海译文出版社,2023.10
(狄德罗文集)
ISBN 978-7-5327-9291-7

Ⅰ.①怀… Ⅱ.①德…②龚…③王…④罗… Ⅲ.①狄德罗(Diderot, Denis 1713-1784)-哲学思想 Ⅳ.①B565.28

中国国家版本馆 CIP 数据核字(2023)第 161240 号

怀疑论者的漫步	Denis Diderot	策划编辑	李月敏
	[法]德尼·狄德罗 著	责任编辑	张 鑫
La promenade du sceptique	龚觅 王斯秧 译 罗芃 主编	装帧设计	尚燕平

上海译文出版社有限公司出版、发行
网址: www.yiwen.com.cn
201101 上海市闵行区号景路 159 弄 B 座
杭州宏雄印刷有限公司印刷

开本 890×1240 1/32 印张 6.5 插页 6 字数 85,000
2023 年 11 月第 1 版 2023 年 11 月第 1 次印刷

ISBN 978-7-5327-9291-7/Ⅰ·5787
定价: 48.00 元

本书中文简体字专有出版权归本社独家所有,非经本社同意不得转载、摘编或复制
如有质量问题,请与承印厂质量科联系,T: 0571-88855633